eビジネス新書

No.330

週刊東洋経済

決算書&ファイナンス入門

週刊東洋経済 eビジネス新書 No.330

決算書&ファイナンス入門

本書は、東洋経済新報社刊『週刊東洋経済』2019年11月16日号より抜粋、加筆修正のうえ制作しています。情報は底本編集当時のものです。（標準読了時間 90分）

決算書&ファイナンス入門　目次

5分で完全理解!

これでわかる会計の本質　財務3表「超入門」

周囲から「仕事ができる」と認められるビジネスパーソンには、共通点がある。「数字に強い」ことだ。とくに会計の知識があり、自社や競合他社、取引先の財務データを読みこなせれば、上司や後輩、取引先から厚い信頼を得られる。

が、会計の知識を得ようと簿記のテキストを開いたところ、見慣れない専門用語が並び、挫折した経験を持つ人も多いだろう。とりわけ、伝票の帳簿への記載方法である仕訳を説明したテキストは、実務で役立つとは限らない。ビジネスパーソンが知っておくべき会計の基本は、決算書を〝ざっくり〟読み解くことで十分身に付けられる。また株式投資をするにも、決算書の理解は必須である。

そのためにまず押さえておきたいのが、会計の〝基本のキ〟といえる「財務3表」だ。『財務3表一体理解法』などの著書がある國貞克則氏の協力の下、財務3表の攻略のために必要なポイントを解説する。

財務3表

財務3表とは、「**損益計算書**」（PL）、「**貸借対照表**」（BS）、「**キャッシュフロー計算書**」（CS）の3つからなる。PLは英語でProfit and Loss statementと呼ばれ、「会社がどう儲けているか」を示す。BSはBalance Sheetであり、「お金をどう集め、何に使っているか」を表す。CSはCash Flow Statementの略で、「キャッシュ＝現金」がどのように「フロー＝流れ」ているか、つまり会社にある現金がどれだけ増えたか減ったかを指している。

PL、BS、CSはそれぞれ、実は企業活動そのものを表しているともいえるのだ。そもそも企業活動とは何だろうか。それは物を作り売る、社員を雇用して給料を支払う、製品をもっと売るために宣伝するなど、さまざまな活動である。会計の視点から企業というものを見ると、「お金を集める」「投資する」「利益をあげる」の、3つの活動に集約される。

■ 企業活動を数字で示したものが財務3表だ
―企業の基本活動3点と財務3表―

企業の基本活動3点

お金を集める
▼
投資する
▼
利益をあげる

財務3表

PL
企業がどれだけ利益をあげ、損失を出しているかの表
用語 売上高、営業利益、経常利益、当期純利益 など

BS
企業の財産残高の一覧表
用語 資産、負債、純資産、自己資本比率、債務超過 など

CS
企業の現金の動きを示す"家計簿"
用語 営業キャッシュフロー、財務キャッシュフロー、投資キャッシュフロー など

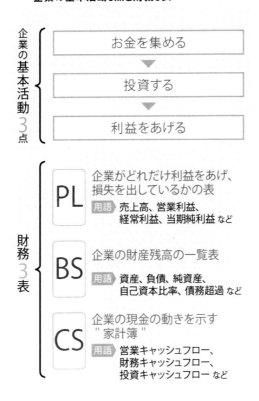

まずは「お金を集める」から。お金を集めるとは株主からの出資、銀行からの借り入れなどを指す。

なぜ企業はお金を集める必要があるのか。それは、「投資する」ためだ。投資するとは、製造業なら工場の建設、小売業なら店舗の開業を表す。そうした拠点の新設に向けて投資するには、お金を集める必要がある。さらに投資した拠点では、各企業の製品を製造し、商品として販売する。売ることによって初めて、「利益をあげる」ことができるのである。

つまり、お金を集める↓投資する↓利益をあげる3つの活動は、どの会社にも共通している。この3つの活動を表にまとめたものが、PL、BS、CSなのだ。そのためこれら財務3表を理解するだけで、会社そのものの全体像がわかり、会計の知識が身に付く。

① PL

財務3表の中でも、まず初めに理解しておきたいのがPLだ。Profit（利益）とLoss（損失）の頭文字を取った名称からわかるように、会社の利益と損失を表示している表である。

PLではいちばん上に「売上高」が載っている。その下に原価や人件費、支払利息といった「費用」が続き、それを売上高から引いていく仕組み。売上高－費用＝「利益」という単純な引き算を繰り返しており、読み方さえわかれば一読して納得できるようになる。

ただし、利益には5つある。実際のPLを示したものが次表だ。5つの利益の特徴を、表に沿って上から順番に見ていこう。

■PLには5つの利益がある
-企業のPLの例-

（単位：百万円）

	前連結会計年度（自 平成29年4月1日 至 平成30年3月31日）	当連結会計年度（自 平成30年4月1日 至 平成31年3月31日）	
売上高	479,280	525,622	
売上原価	302,771	326,283	
売上総利益	176,508	199,339	❶売上総利益（粗利益）
販売費及び一般管理費	66,223	70,061	
営業利益	110,285	129,278	❷営業利益（本業の利益）
営業外収益			
受取利息	170	146	
受取配当金	734	707	
持分法による投資利益	109	−	
受取保険金・保険配当金	498	508	
その他	931	837	
営業外収益合計	2,443	2,198	
営業外費用			
支払利息	208	222	
持分法による投資損失	−	349	
固定資産除却損	64	403	
支払手数料	576	754	
その他	219	306	
営業外費用合計	1,068	2,037	
経常利益	111,660	129,439	❸経常利益
特別利益			
投資有価証券売却益	1,336	−	
特別利益合計	1,336	−	
税金等調整前当期純利益	112,997	129,439	❹税引前当期純利益
法人税、住民税及び事業税	35,432	39,193	
法人税等調整額	△3,626	△40	
法人税等合計	31,805	39,153	
当期純利益	81,191	90,286	❺当期純利益
親会社株主に帰属する当期純利益	81,191	90,286	

（出所）オリエンタルランドの決算短信を基に本誌作成

売上総利益

売上高から売上原価を引いたものが「売上総利益」となる。売上原価とは原材料費や仕入高を指す。売上総利益について、決算の現場では「粗利益」と呼んでおり、最も基本となる利益といえる。

本業の利益はいくらか?

営業利益

売上総利益の下に来るのが「販管費及び一般管理費」である。通常、「販管費」と呼ばれる。売上総利益からこの販管費を引いたものが、〝本業の利益〟とも称される「営業利益」だ。

販管費には本業の営業活動に関わるすべての費用が含まれる。営業員の人件費や交通費などがそうだ。広告宣伝費や物流費、通信費、さらに本社の総務や経理部門の人員の人件費も当てはまる。

ただ、物を作る製造業では工場の人件費は販管費ではなく、売上原価に入れることになっている。裏を返せば物やサービスを売るために必要な経費が販管費といえるだろう。営業利益は本業の活動によってもたらされる利益だ。

経常利益

本業の利益である営業利益の下には、本業によるものではない、営業外の収益や費用が来る。

会社は儲けたお金の一部を、設備投資に充てたり、社員の賞与を増やしたりする以外にも、預金として銀行に預けたりする。すると利息収入を受け取る。利息は預貯金という本業以外の活動の収益だから、「営業外収益」として「受取利息」を計上する。逆に、銀行からお金を借りていれば利息を支払わなければならず、「支払利息」として「営業外費用」に組み込む。

ほかにも営業外には「為替差益」「為替差損」などがある。メーカーで輸出企業の場合、決済時の為替レートが取引時より円安なら差益、円高なら差損が出る。どちらも営業外収益あるいは営業外費用とする決まりになっている。

本業の利益を示す営業利益に、営業外収益と営業外費用を反映させたものが、「経常利益」だ。

経常利益は〝ケイツネ〟とも呼ばれ、事業活動全体による利益として重要視されている。「経常」という字が示しているように、経常的（定期的）な事業活動がもたらす利益といえる。

税引前当期純利益

経常利益の下には特別な利益や損失が来る。ここでいう特別とは、その事業年度に特別に出てくる、という意味で捉えよう。

会社が不動産を多く持っており、その一部を売るとする。アベノミクス効果で地価が上がった足元の市況であれば、高値で売れて売却益が出る。これが「特別利益」だ。子会社株の売却に伴う売却益なども同様と考えていい。

一方で、リストラ費用として割増退職金が計上されれば、「特別損失」となる。ほかにも自然災害や事故・火災による損失、長期間保有している株の売却で生じた売却損なども、特別損失である。つまり毎年のように経常的に発生しない、一時的な利益や損失が特別利益や特別損失となる。

経常利益にこの特別利益を加え、特別損失を引いたものが、「税引前当期純利益」だ。

当期純利益

5つの利益の最後となるのが、税引前当期純利益の次に来る、「当期純利益」だ。両者の違いは読んで字のごとく、税引前か税引後か。ここでいう税とは、主に法人税を指す。当期純利益は「最終利益」「純利益」「当期利益」とも呼ばれる。当期純利益の額をベースに、会社は株主へのその年の配当を決める。

以上、「売上総利益」「営業利益」「経常利益」「税引前当期純利益」「当期純利益」の5つの利益さえ覚えれば、PLは読みこなせる。この5つをまとめたものが次図である。あとは気になる上場企業の決算書を読んで慣れるだけ。単なる数字の羅列でしかないものから、その会社にしかない特徴が理解できるはずだ。

各利益から費用などを引いて計算する
—PLの5つの利益—

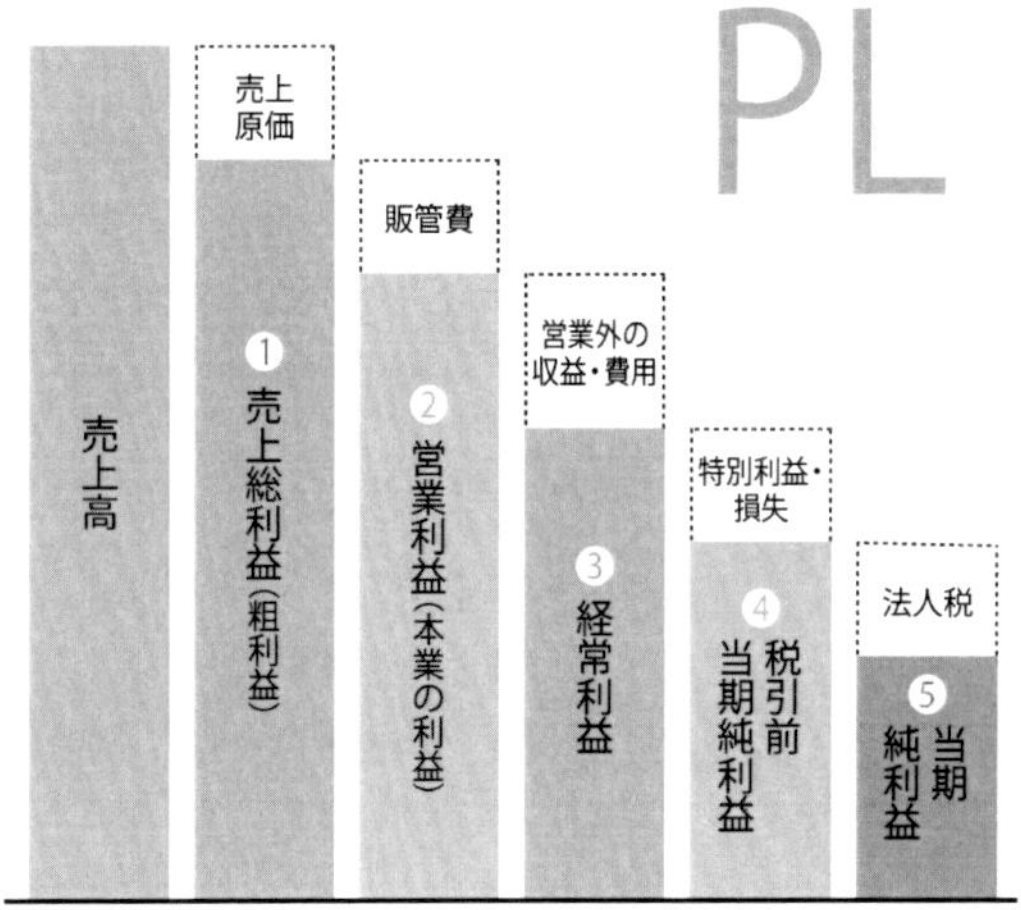

② BS

ＰＬの次に理解したいのがＢＳだ。Balance Sheet の略だが、左右がバランスするからバランスシートではない。バランスという言葉がお金を取り扱う場面で使われる場合、それはほぼ〝残高〟という意味であり、ＢＳはいわば企業の財産残高一覧表といっていい。

なぜＢＳは必要なのか。ＢＳは過去の経営成績の蓄積を示しているからだ。ＰＬは単年度の経営成績表であり、たとえ今年大きな赤字を出したとしても、過去にはずっと黒字で資産を貯めてきたかもしれない。つまりフローがＰＬ、ストックがＢＳともいえよう。

そんなＢＳを読み解くうえで心がけたいのが、「2→3→5の箱」だ。次図のとおり、2→3→5と、3段階で進めることで、ＢＳの理解は飛躍的に高まる。

「2→3→5の箱」で理解する ―BSの5つの項目―

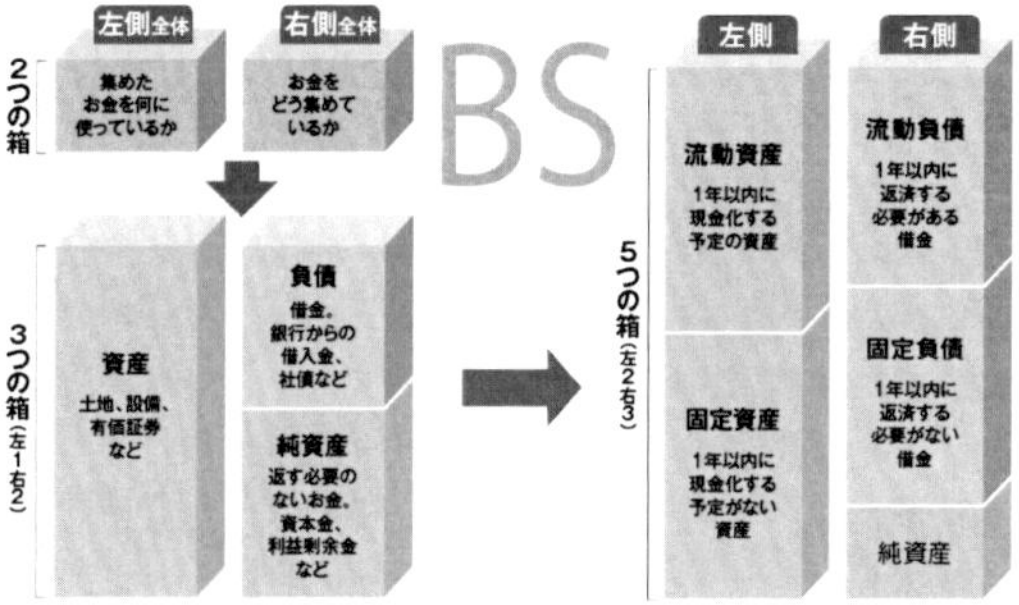
左側全体
右側全体
2つの箱
集めたお金を何に使っているか
お金をどう集めているか
BS
3つの箱（左1右2）
資産
土地、設備、有価証券など
負債
借金。銀行からの借入金、社債など
純資産
返す必要のないお金。資本金、利益剰余金など
5つの箱（左2右3）
左側
右側
流動資産
1年以内に現金化する予定の資産
固定資産
1年以内に現金化する予定がない資産
流動負債
1年以内に返済する必要がある借金
固定負債
1年以内に返済する必要がない借金
純資産

2つの箱

ＢＳとはお金をどう集め、何に使っているかを示したもの。中心線で区切られ、右側と左側の「2つの箱」に分かれる。右側が「お金をどう集めているか」を表し、左側が「集めたお金を何に使っているか」を表している。言い換えれば、右側のお金がどう変化しているかを、左側は指している。

集めたお金は、現金で持っていたり、在庫という形で商品に換えたり、建物や機械といった資産にしていたりすることもある。どこかの会社に投資し、株を保有している場合もある。そうしたお金の変化を右側と左側で示している。

3つの箱

2つの箱の次に見るのは、左右を改めて「資産」「負債」「純資産」に分けた、「3つの箱」だ。

まず集めたお金を示す右側から見ていこう。右側は「負債」「純資産」の2つの箱で構成される。

「負債」は文字どおり借金だ。他人から借りてきたお金であり、いずれ返す必要がある資金となる。銀行からの借入金に加え、社債もこちらに含まれる。

一方、「純資産」は、返す必要がないお金となる。株主が出した「資本金」や、自社で稼いだ「利益剰余金」が含まれる。株主は企業の業績に応じて配当金を受け取ったり、売却益を得るために市場で株を売ったりすることもできる。企業にとってみれば、株主からの出資は返す必要のないお金、となるわけだ。

次に何に使ったかを示す左側は「資産」で構成される。現預金や株などの有価証券、在庫、工場の設備や土地などがそれに当たる。

ちなみに純資産とは、資産から負債を引いた正味財産である。

健全性 ＝ 自己資本比率

また先の図の純資産は、「自己資本」とも言い換えられる。財務の健全性を示す「自己資本比率」とは、負債と純資産を合わせた右側全体のうち、純資産がどのくらいを占めるかを表したものだ。

　自己資本比率が低いと負債の割合が大きく、高いと負債の割合が小さいということがわかる。自己資本比率が低ければ、返さなければならないお金が多い。借金返済に伴う利息負担が大きく、資金繰りに困る可能性も高い。

　ちなみに純資産がマイナスになっている状態を「債務超過」という。左右の箱はバランスする決まりとなっているので、債務超過であれば、資産よりも負債のほうが大きい、ということになる。もし資産をすべて売って現金化したとしても、負債をすべて返し切ることはできない。

5つの箱

　3つの箱をさらに分けたものが「5つの箱」だ。ここでまず押さえておきたいのが、〝ワンイヤールール〟と称される「1年」という時間軸である。

　資産、負債とも1年以内の現金化または返済があるかどうかで、それぞれ「流動」と「固定」に分かれる。

負債であれば、1年以内に返済しなければならない借金を「流動負債」、1年を超えて返済すればいい借金を「固定負債」とする。資産も同様で、1年以内に現金化する予定のある（現金化しやすい）資産を「流動資産」、1年以内に現金化する予定のない（現金化しにくい）資産を「固定資産」としている。

大ざっぱにいうと、1年以内に返済しなければならない流動負債の割合が大きいにもかかわらず、1年以内に現金化しにくい固定資産の割合が大きければ、資金繰りに厳しい状態とみていい。

以上がBSだ。2→3→5の順番で箱を意識すれば、会社の過去の蓄積を調べられる。

③ CS

最後にPL、BSに続く3つ目のポイントであるCSを見ていこう。CSは英語のCash Flow Statement の略で、現金の入りと出を示す表だ。

CSには「営業キャッシュフロー」「投資キャッシュフロー」「財務キャッシュフロー」と3つある。次表ではそれぞれ＋（プラス）、もしくは－（マイナス）で表示している。

現金の動きを表すCSは3つある
―3つのCSの内容―

CS

営業キャッシュフロー	本業でどれだけ現金が増えたか減ったか 例 利益が出ていればプラスに
投資キャッシュフロー	投資でどれだけ現金が動いたか 例 工場新設で大型投資が増えればマイナスに
財務キャッシュフロー	資金調達や返済で現金がどれだけ動いたか 例 増資で資金を調達すればプラスに

営業キャッシュフロー

営業活動によるキャッシュフローとも呼ばれ、営業活動を通じたお金の流れが表されている。本業でどれだけ現金が増えたか減ったかがわかるため、営業キャッシュフローがマイナスとなっていれば、経営に問題があるということ。営業活動によって稼ぐ収入よりも、仕入れや人件費などに充てる支出のほうが多いためだ。

投資キャッシュフロー

投資活動によるキャッシュフローであり、投資でどれだけお金が動いているかを示す。工場や店舗、機械への投資や、有価証券の購入などの動きである。投資キャッシュフローがプラスとなっていれば、投資活動によって現金が増えていることがわかる。土地や株式などを売り、現金に換えていることを意味している。

財務キャッシュフロー

財務活動によるキャッシュフローとも呼ばれ、会社の資金調達や返済などの状況を示す。財務キャッシュフローがプラスなら、借入金を増やしたり社債を発行したりと、資金を積極的に調達したことがわかる。一方でマイナスならば、借入金を減らしていたり、配当金を支払っていたり、自社株買いを行っていたりしている。

実はこの3つのキャッシュフローは、冒頭で挙げたすべての企業に共通する3つの活動、「お金を集める」→「投資する」→「利益をあげる」を示している。お金を集めるのが財務キャッシュフロー、投資するのが投資キャッシュフロー、利益をあげるのが営業キャッシュフロー、というわけだ。

現金の流れを把握せよ

営業、投資、財務のキャッシュフローそれぞれにプラスとマイナスがあるため、合計では2×2×2＝8の組み合わせがある。

営業キャッシュフローがマイナス、投資キャッシュフローがプラス、財務キャッシュフローがプラスの組み合わせ（－、＋、＋）を考えてみよう。これは経営がうまくいっていない典型例。本業の調子が悪く、支出が収入を上回っている。成長のための前向きな投資をしていない。資産の売却や銀行からの借り入れで現金を用意し、赤字を補塡している状態だ。

反面、営業キャッシュフローがプラス、投資キャッシュフローがマイナス、財務キャッシュフローがプラスの組み合わせ（＋、－、＋）は、事業を拡大している会社に多い。本業や借り入れで集めた現金を、工場の設備や人員の採用など投資に充てている、と推測できる。優良会社に多いケースだ。

最後に、なぜCSが必要なのかについて、触れておきたい。「黒字倒産」という言葉があるように、〝勘定合って銭足らず〟という状況などを把握するためだ。

会計では「代金回収が約束されている状態であれば、商品やサービスが提供された時点で売上高として計上する」というルールがある。つまり取引先のツケ払いも売上高で計上できてしまう。通常、売上高が計上されれば利益が出るため、PLでは売上高と利益が載っていることになる。

だが、「売上高は計上しているが、まだ販売先から現金を回収できていない」状態が続く中、仕入先への支払期限を迎えればどうなるか。利益が出ているにもかかわらず現金は手元にない。仮に運転資金を調達できなければ、ＰＬでは黒字なのに、最悪の場合は倒産することもありうる。このようなＰＬの欠点を防ぐため、現金の流れを把握するＣＳが必要なのだ。

以上が会計の〝基本のキ〟である。お金を集める↓投資する↓利益をあげるという企業活動と、ＰＬ、ＢＳ、ＣＳという財務３表をまとめると次図のようになる。

（林　哲矢）

■ 企業の基本活動3点と財務3表はつながっている —企業活動と財務3表の関係—

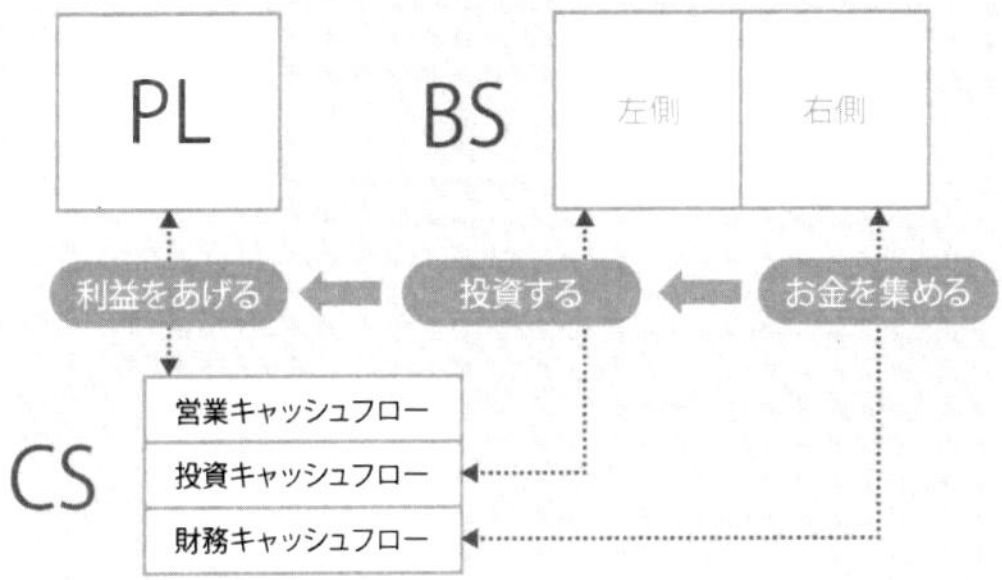

減価償却、在庫、引当金まで …

決算書を読むために押さえるべき会計用語

多摩大学大学院ビジネススクール客員教授・大津広一

決算で財務諸表を読むとき、どうしても知っておきたい用語がある。ここでは代表的な6つの会計用語を解説する。

① 減価償却費

企業の稼ぐ力を表すのは営業利益である。だがそれは、設備投資に伴う「減価償却費」の影響を織り込んだ数字であることに、気をつけなければならない。

減価償却は、建物や機械など、長期で使う固定資産を購入した後の会計処理で扱う。購入時に全額を費用計上するのでなく、その資産の利用可能年数で按分し、毎年その額を費用計上するものだ。

例えば、8億円で購入した機械の利用可能年数が10年間の場合、8億円÷10年で8000万円。機械の資産価値は毎年8000万円減っていくと考える。そのため会計処理では、購入時、貸借対照表（BS）の資産の部に機械を簿価8億円で計上するが、損益計算書（PL）で毎年8000万円を費用計上し、資産を10年間、同額ずつ減らしていく。この8000万円が減価償却費だ。

渋谷再開発など大型投資が続く東急では、減価償却負担が当面は利益を圧迫することになる。そこで毎年の新たなビル開業が収益に貢献することをわかりやすく示すよう、同社は営業利益に減価償却費を足し戻したEBITDA（利払い・税引き・償却前利益）を経営指標として用いている。

② 税効果会計と繰延税金資産

減価償却の基準年数は、資産の種類ごとに法律で定められている。それより短期で使えなくなるとき、企業会計では短期償却できるが、税務会計で損金として認められるのは法定範囲内だ。

8億円で購入した機械を8年間で使い切る場合、会計処理上の減価償却費は、8億円÷8年で毎年1億円になる。だが基準年数が10年間に定められていれば、税法上、損金として認められるのは、あくまで毎年8000万円×10年間。合計償却額は同じだが、費用化される期間と、損金として認められる期間は異なってくる。このズレを調整するのが「税効果会計」だ。

税効果会計とは法人税等を適切に期間配分し、利益と法人税等を合理的に対応させる手法。税務限度額を超えて減価償却した場合、費用を先取りしただけで、先払いに当たる税額分は法人税等調整額として税金を控除する。BSにも「繰延税金資産」として計上し、将来戻る税金額を認識させる。

では、先ほどの例で、購入8年後の繰延税金資産を計算しよう。損金処理済みの償却額は8000万円×8年＝6・4億円。繰延税金資産は、購入額8億円からこの額を引いた、1・6億円が対象。税率30％だと、その比率を掛けた4800万円が、税金の先払い分、つまり繰延税金資産と計算できる。

③ 在庫評価

利益は「在庫評価」で決まる。

売上総利益（粗利益）は売上高から売上原価を引いて求める。売上高は期中の売上高を単純合計すればいいが、売上原価はメーカーの場合、期中の製造高を合計すればいいわけではない。その期に売り切るなら別だが、前期からの売れ残りや今期の売れ残りもある。

実際の売上原価は「期首在庫 ＋ 当期製造高 − 期末在庫」で計算する。そのため期末在庫が多ければ、売上原価は小さく、利益は大きくなる。逆に期末在庫が少なければ、売上原価は大きく、利益は小さくなる。在庫評価次第で時に不正会計も起きたりと影響は大きい。

２０１８年にルネサスエレクトロニクスは半導体市況悪化を受け、適正な在庫水準を目指して生産を抑制。結果的に期末在庫が減少、売上原価が上昇し、１８年１２月期の売上総利益率は悪化した。

④ 引当金

商品を売掛金や手形で売れば、回収できないリスクを抱える。賞与や退職金の支払基準を示したら、賞与や退職金は支払義務になる。

会計では、将来の財務状態に不利な影響を及ぼす可能性がわかった場合、その時点において「引当金」を計上する形で、将来のマイナスを先取りして決算へ反映することが求められる。引当金を計上すべき原因がすでに発生していれば、引当金を繰り入れ、マイナス計上して資金流出へ備える。その後、資金負担が生じなかったときは、引当金を取り崩し、戻入益をプラス計上して対応する。

商取引ではどうしても、一定の貸倒引当金が生じざるをえない。それでも引当金が急増するなど、毎期のブレが激しい企業には、その原因究明と改善が求められる。

⑤ のれん

企業の稼ぐ力を、企業間や海外企業と比べる場合、「のれん」にも注意しなければならない。のれんは企業買収・合併時に発生し、取得先企業の純資産額と取得価格の差額からなる、無形固定資産の一種だ。取得額が100億円で、取得される企業の純資産額が70億円なら、30億円がのれんとなる。

のれんは取得先企業の将来的な収益力やブランド力を反映し、日本の会計基準では20年間を限度として、その効果が及ぶ範囲内で均等償却する。期待した収益力を出せれば取得効果で吸収できるが、うまくいかなければ、収益性の低下に伴い〝減損処理〟で特別損失を計上したうえ、BSの資産価値を引き下げる必要が生じる。なお、取得額が純資産額より小さければ、差額分を「負ののれん」として特別利益に計上する。

米国基準や国際財務報告基準（IFRS）では、のれんの償却をしない代わりに、取得先の収益力を減損テストで毎年厳しくチェックする。収益性が落ちると、減損の一括償却を強いられるため、巨額損失が出る懸念もある。

日本企業で多額ののれんを抱えているのは、ソフトバンクグループや武田薬品工業、JTなどだ。成長を狙い大型M&Aで海外企業を買収した結果だが、つねに減損リスクと隣り合わせであることは認識しなければならない。

⑥ 運転資金

ＢＳにある売掛金や受取手形には、不良債権の含まれているリスクが潜んでいる。相手先の事情によって、長期的に回収が滞っていれば、資金繰りの悪化要因だ。また、回収よりも先に支払いがあれば、その間は「運転資金」でつながなければならない。

棚卸資産は売れ残りや流行遅れで何年も倉庫に眠った滞留在庫を抱えるリスクがある。在庫の膨張による実態のない利益は経営の判断を誤らせる。仕入れた商品、作った製品は、売却して現金を回収するまで資金化しない。

企業に運転資金がどの程度必要か。運転資金は「売上債権 ＋ 棚卸資産 － 仕入債務」で計算できる。

注意しなければならないのは、業績好調で売上高が増えれば、運転資金もその分、増やす必要がある点だ。新たな資金調達にはコストがかかる。運転資金の負担を減らすには、売上債権の回収スピードを上げ回収漏れを防ぐ、在庫管理を精緻化し滞留期間を短くする、仕入債務の支払期間を長期化する、などが対策として必要になる。

大津広一（おおつ・こういち）
1966年生まれ。慶応義塾大学理工学部卒。米国公認会計士。バークレイズ証券などを経て2003年独立。上場企業の社外役員も。著書に『会計力と戦略思考力〈新版〉』など。

ＩＦＲＳ　国際会計基準を使う意味

公認会計士・税理士　若松弘之

これまで学んだ財務3表の見方は、日本独自の会計基準を前提にしたものだ。日本企業では主に3つの会計基準が使われている。なじみの深い日本基準、米国基準、そして国際財務報告基準（ＩＦＲＳ＝International Financial Reporting Standards、イファース）である。

近年は日本においても、ＩＦＲＳを任意適用する企業が急増。もはやＩＦＲＳを知らずに、主要企業の決算書を読み解くことはできない。ここではＩＦＲＳの特徴や意味について学びたい。

ＩＦＲＳは２０００年、証券監督者国際機構（ＩＯＳＣＯ）が支持を表明したのを機に、欧州を起点として世界各国へ広まった。現在では約１３０カ国で正式な会計基準として採用されている。

時価総額なら4割が採用

世界的な潮流を受けて、日本でＩＦＲＳの任意適用が始まったのは、２０１０年3月期からだ。しかし、１１年の東日本大震災に伴う経済混乱の中、産業界からの反対意見もあり、ＩＦＲＳの強制適用の議論は急速にトーンダウン。結果、１２年末時点では、１０社程度の任意適用にとどまっていた。

その後、１３年の任意適用要件の一部緩和や「『日本再興戦略』改訂２０１４」での拡大促進の提起も後押しし、年３０社程度のペースでＩＦＲＳの適用企業が急増。１９年6月末で２１5社が任意適用している（適用予定含む）。社数こそ上場企業の5％程度にとどまるが、規模の大きなグローバル企業を中心に適用が急速に進んでいる。今や時価総額ベースなら４０％近くを占めるほどだ。

■ グローバル企業が相次ぎIFRSを導入
—日本のIFRS適用社数と時価総額ベースでの導入比率—

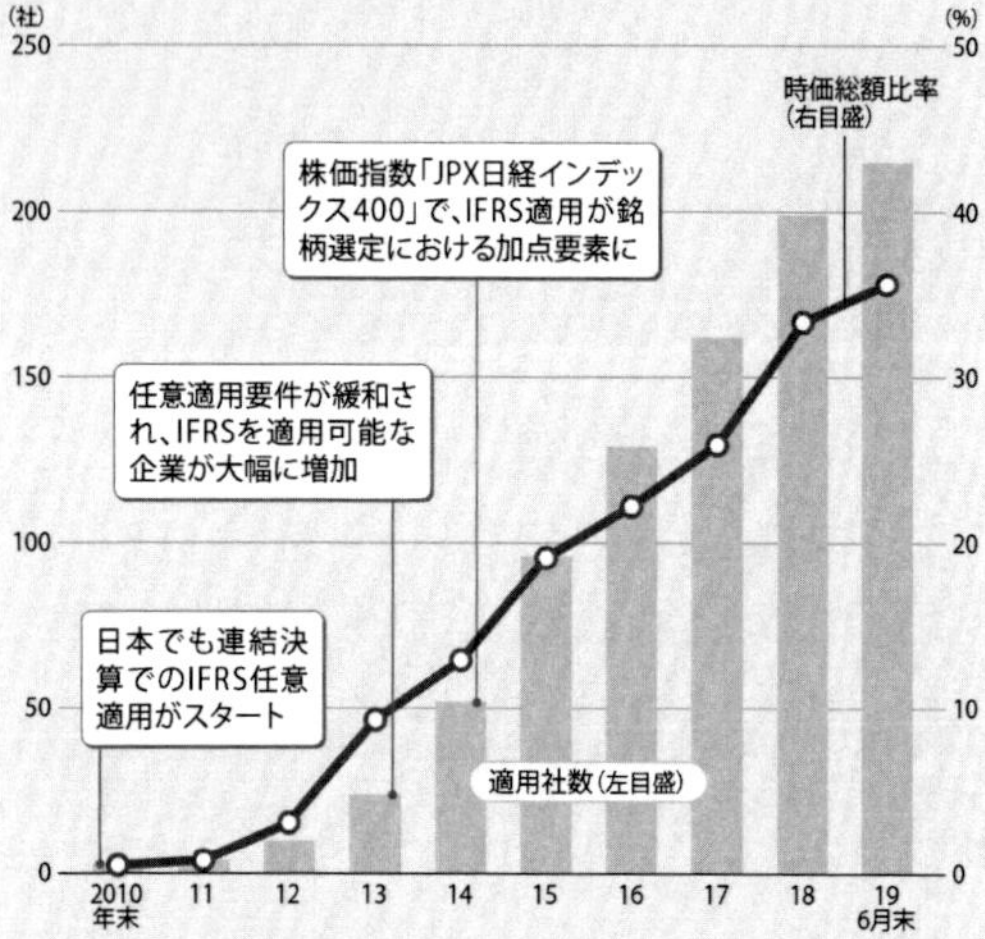

(注)上場企業ベース、適用予定社数も含む。時価総額比率は全上場企業の時価総額に占める割合
(出所)金融庁のデータを基に本誌作成

いちばん大きな違いは、ＩＦＲＳは日本基準で重視されてきた、損益計算書（ＰＬ）の経常損益や特別損益の段階損益を原則表示しない点。そして純利益だけでなく純資産の変動である「包括利益」を重視している点だ。包括利益は本業の純利益に限らず、どれだけ正味財産を増やしたかを業績の評価指標として見る。

日本基準に慣れた財務担当者にとっては違和感があるが、こうした両者の差異はいくつもある。ＩＦＲＳを押さえるには、ある基本的な考え方を覚えておこう。それは〝会計処理や開示方法を自らの頭で考える必要がある〟ことだ。

ＩＦＲＳの基本思想は、企業に対する投資家の意思決定に有用な情報を提供すること、とも言い換えられる。その特徴をいえば、

・原則主義
・資産負債アプローチ
・注記による情報開示
・公正価値重視

の４点である。

■ 企業の判断力や説明能力が重要に　—IFRSの4つの特徴—

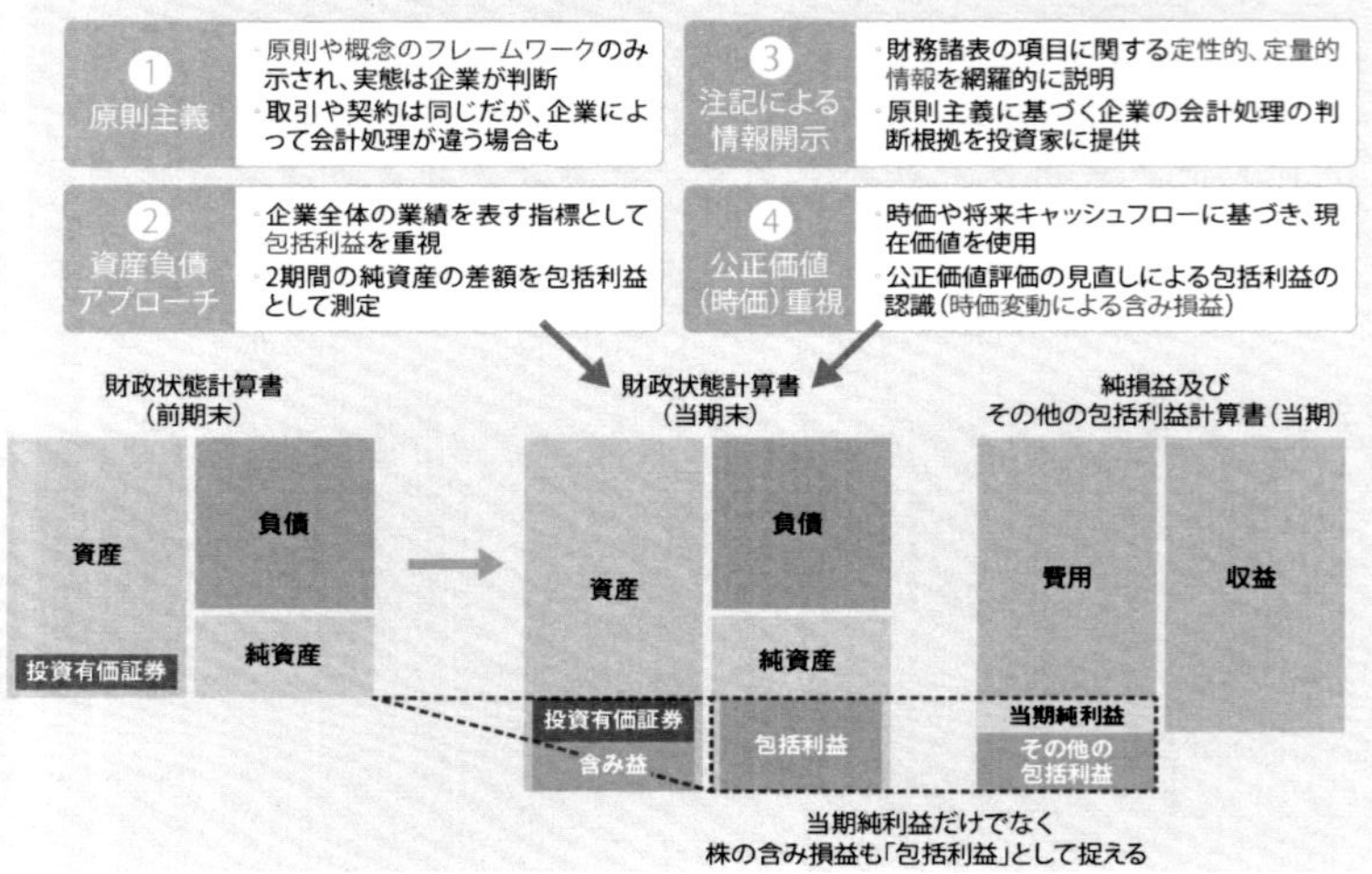

1 原則主義
・原則や概念のフレームワークのみ示され、実態は企業が判断
・取引や契約は同じだが、企業によって会計処理が違う場合も
3 注記による情報開示
・財務諸表の項目に関する定性的、定量的情報を網羅的に説明
・原則主義に基づく企業の会計処理の判断根拠を投資家に提供
2 資産負債アプローチ
・企業全体の業績を表す指標として包括利益を重視
・2期間の純資産の差額を包括利益として測定
4 公正価値(時価)重視
・時価や将来キャッシュフローに基づき、現在価値を使用
・公正価値評価の見直しによる包括利益の認識(時価変動による含み損益)
財政状態計算書
(前期末)
資産
投資有価証券
負債
純資産
財政状態計算書
(当期末)
資産
投資有価証券
含み益
負債
純資産
包括利益
純損益及び
その他の包括利益計算書(当期)
費用
当期純利益
その他の
包括利益
収益
当期純利益だけでなく
株の含み損益も「包括利益」として捉える

まず日本基準や米国基準では、各国の商慣習や取引形態にきめ細かく対応する、〝細則主義〟を基本としてきた。取り巻く事業環境や将来のリスクが企業ごとに異なる場合でも、各企業の会計処理はルールや設例に当てはめることが多く、画一的になりやすい。

だがIFRSは会計の原則やフレームワークのみを定め、実態の判断は企業と会計監査人に委ねる「原則主義」を採用している。

要は各企業の固有の状況も踏まえて、会計処理を監査人と協議しながら個々の企業が考え、根拠について説明責任を果たす。詳細なルールがない事象でも原則にのっとって、的確に対外説明する能力が試されるわけだ。そして決算の数値情報のみならず、財政状態や経営成績に関する自社の分析やリスク情報を、幅広く財務報告することが求められている。

またIFRSでは、企業価値のベースとなる貸借対照表（BS）の純資産を直近の時価で換算したい投資家のニーズに応えるため、資産や負債を時価で求める「公正価値重視」という特徴もある。

では具体的にＩＦＲＳを適用するメリットはどこにあるのか。

共通のモノサシで測れる

海外子会社を多く抱えるグローバル企業において、圧倒的にメリットとなってくるのは、連結経営管理の透明化やガバナンス（企業統治）の強化だ。

親会社が日本基準を適用している場合、海外子会社との〝モノサシの違い〟に直面する。現状、親会社が日本基準の場合、ＩＦＲＳや米国基準を適用する海外子会社の決算も一部の修正項目を除いて、そのまま連結することになる。

日本とアジアと欧州に製造子会社があり、同種の製造設備を使って、類似製品を製造していたとしよう。この場合、製造設備の減価償却方法や償却年数は、各国のルールや税法に準拠してバラバラの処理となることも少なくない。

本来、経営資源の配分などを機動的に意思決定すべき親会社において、共通のモノサシがない中、各子会社の業績や生産性を客観的に評価することは、なかなか難しい。

自然に各子会社の経営者は、親会社に向かってなるべく業績をよく見せたい、というインセンティブが働きがちになる。

この点、IFRSでは所在国が異なるとしても、同様の製造設備で使用環境が似ているものについては、原則として連結ベースで統一された会計処理を求める。共通の基準で客観的に業績を測定することができるのだ。アジアと比べて、日本にある製造設備の生産性が悪い、といった課題が早期に発見できる。これは連結経営の重要なメリットとなろう。

ほかにもIFRSは日本基準に比べ、

- 比較可能性の向上
- 海外投資家への説明の容易さ
- 資金調達の円滑化
- 業績の適切な反映

など、複数のメリットがある。

海外で資金調達を目指す日本企業にとっては、海外投資家に対し日本基準の決算書を示すことは実務的に困難を伴う。決算書の修正を求められることもある。

これがＩＦＲＳを適用していれば、海外の競合他社と同様の会計基準を採用しているので、海外の投資家は決算書を比較することが容易となって、資金調達もしやすい。企業からすればすでに開示している決算書をそのまま使えるメリットは大きい。

一方でＩＦＲＳを適用する企業には、いくつかデメリットがあることも知っておく必要がある。

一般的なデメリットとしては、有価証券報告書などにおける、「注記開示項目やページ数の大幅な増加」がある。そして連結決算はＩＦＲＳなのだが、単体決算は会社法や税務対応のために日本基準とすることからくる、「帳簿管理の複雑化」も挙げられよう。

さらに、ＩＦＲＳでは日本基準以上に資産や負債の時価評価が求められるので、コストや時間など実務負担が大きい。基準の新設や改訂が多いにもかかわらず、対応できる英語力と会計スキルを持つ人材が不足していると企業の負担が大きい。ＩＦＲＳ

移行時のコスト負担に加え、適用後も監査報酬アップが続くなどの面も見逃せない。

コンバージェンス（会計基準の収斂）の進展によって、ＩＦＲＳと日本基準の差異はかなり解消してきているものの、依然として一部の差異は残る。ＩＦＲＳを適用する場合、自社の決算書への影響や会計処理の修正まで考慮し、慎重な検討が必要だ。

とくに日本企業にとって実務上の影響が大きい項目は「のれん」や「収益認識」「リース会計」だろう。

■売上高や利益が違うように見えることも —IFRSと日本基準の主要な差異—

項目	IFRS	日本基準
主義（考え方）	原則主義 大枠だけ決めてあとは企業が判断	細則主義 ルールが細かく決まっている
財務諸表の段階損益	収益と費用の差額を純損益として表示 （営業損益は表示可能）	営業損益、経常損益、特別損益の区分表示あり
有形固定資産の償却	海外では定額法が多い（定率法も採用可能）	建物など一部の固定資産を除き、定率法が多い
無形資産の償却	耐用年数を確定できるまでは償却を行わず、毎期減損テストを実施 研究費は発生時に一括費用処理。社内開発費のうち一定の要件を満たすものについては資産計上	実務的には税法耐用年数に基づき定額償却していることが多い 研究開発費は発生時に一括費用処理
のれん	規則的な償却はせず、毎期減損テストを実施	20年以内の一定の年数で規則的に償却
減損認識	1ステップ方式：日本基準に比べて減損損失が早期に認識されやすい 一定の要件を満たした場合に減損損失の戻し入れを認めている（のれんは除く）	2ステップ方式：減損の兆候があっても、割引前の見積もり将来キャッシュフローが帳簿価額を上回る場合には、減損損失の認識は不要 減損損失の戻し入れは認められない
収益（売上高）認識	以下の5つのステップで収益を認識する ①契約の識別 ②履行義務の識別 ③取引価格の算定 ④履行義務への取引価格の配分 ⑤履行義務の充足	企業会計原則における実現主義で収益を認識するが、詳細な会計基準はない 2021年4月1日以後から適用となる「収益認識に関する会計基準」によって、IFRSとの差異は相当程度解消する
その他（リース、有価証券売却損益）	2019年1月からIFRS第16号「リース」を強制適用。従来はBSに計上されていなかったオペレーティングリースについても、「使用権資産」として部分的に計上される 一度、その他の包括利益として計上した含み損益については、売却時の損益を損益計算書で表示できない（リサイクリング禁止）	リース取引の判定を踏まえ、ファイナンスリースは原則としてBSに「リース資産」として計上されるが、オペレーティングリースは計上されない 一度、その他の包括利益として計上した含み損益についても、売却時の損益を損益計算書で表示できる（いわゆる「益出し」が可能）

M&Aへ前のめりも?

のれんについて述べよう。いったんIFRSを適用すれば、のれんの毎期の償却負担はなくなる。そのため、多額ののれんが発生するM&Aに積極的な企業は、〝利益を出しやすい〟IFRS導入を選択しがちになる、ともいわれている。

のれんとは「買収対象企業の純資産」と「買収金額」の差額としてBSに計上される無形資産の一部だ。例えば買収対象企業の純資産が2000億円で、それより高い3000億円で買収したとき、差額1000億円が「買収プレミアム（上乗せ幅）」として認識される。

いわばのれんの本質は、純資産には反映されていない買収対象企業が持つ、将来にわたる収益獲得力やブランド力などを表したものだ。日本基準では、のれんを20年以内の定額で償却する（費用を計上する）のに対して、IFRSでは、のれんを償却せずに毎期末に減損テストをする。そこで価格下落が認められれば、減損処理をすることになる。

前述の例でいうなら、日本基準を採用する企業が１０００億円ののれんをＢＳに計上する場合、１０年償却とするなら、のれん償却によってＰＬの利益は、１０年間にわたって毎年１００億円ずつ確実に少なくなる。一方で、ＩＦＲＳではのれんは非償却のために、減損さえ出さなければ、すぐに利益が目減りするということはない。

Ｍ＆Ａに積極的な企業にとっては、将来にわたる企業価値を適切に評価して買収したにもかかわらず、初年度からのれんの償却をすることに納得できない、といった意見も根強い。その点からも「のれんの非償却」は、ＩＦＲＳを適用する大きなインセンティブになるのかもしれない。

ただし近年、ＩＦＲＳ適用企業で巨額の減損が相次ぐ状況に、海外投資家が不信感を抱いている点が指摘される。そこで国際会計基準審議会（ＩＡＳＢ）はのれんの定期償却導入の是非を検討中だ。２０１９年６月の会合では僅差で定期償却導入は否決されたが、これは最終決定でなく今後も議論が続く。

実際にＩＦＲＳ適用企業から「のれんの非償却は、Ｍ＆Ａの意思決定にポジティブ（前向き）な影響をもたらし、入札争いで〝高値づかみ〟につながるリスクを感じる」

との声も聞こえる。

買収成立までは関心が高いM&Aであっても、成立から数年経つうちに責任者が交代して、「当初計画どおりに投資回収ができているか」というチェックが甘くなることも多い。現実的に買収後の統合に失敗しているケースも少なくないのだが、とかく社内では〝触れたくない都合の悪い事実〟になっていることも珍しくない。

こうしたケースでは毎期の償却負担のないIFRSのほうが、事業の悪化という症状の進行に気づきにくくなる。大事なことはのれんの償却の是非でなく、経営視点で、買収の成否を適時適切にモニタリングできているかだろう。

ツールとして経営に活用

会計基準は企業の経営実態を適切に表すことで、さまざまなステークホルダー（利害関係者）の利害調整や意思決定に役立つことを目的として、利用するツールにすぎない。IFRSを適用しさえすればいいわけではないのだ。

大切なことはツールの本質や使い方を深く理解し、企業グループの経営管理やガバナンスに積極活用していく姿勢である。

ＩＦＲＳに携わる人々から多く寄せられるコメントとしては、「ＩＦＲＳを継続して適用していくのは正直大変だが、会計基準の意味や背景をしっかり考えるようになった」「会計処理を決める際、今は海外子会社の状況や意見もきちんと検討するようになり、親子会社間のコミュニケーションが確実に深まった」などがあった。

そのコミュニケーションの先に、経営課題の解決や企業価値の向上があるなら、ＩＦＲＳを適用する意義は大きいのではないか。

若松弘之（わかまつ・ひろゆき）
１９７１年生まれ。東京大学経済学部卒。監査法人トーマツを経て独立。ジェネリス代表取締役。多くの企業で社外役員を務めるほか、グローバル企業のＩＦＲＳ導入にも関与。

ＲＯＡが低下する？

リース会計　ＢＳ膨張で借りるのは損？

国際財務報告基準（ＩＦＲＳ）を適用する企業が増える中、次の目玉はＩＦＲＳ第16号の「リース会計」の改正だ。

一般的にリースでは設備など資産を購入せず借りて利用する。通常は「ファイナンスリース」と「オペレーティングリース」の2種類。前者は利用者が購入価格の大半を負担する一方、後者は本来の賃貸借に近い。ＰＣやコピー機はファイナンスリースで貸借対照表（ＢＳ）に従来掲載されていたが、オペレーティングリースは簿外に注記されるのみだった。

すでにＩＦＲＳでは2019年1月から始まる決算期で、2つのリースとも原則、資産計上するよう改正されている。わが国の企業会計基準委員会（ＡＳＢＪ）は、「（改正に向けて）議論し検討中」と表明、日本基準も足並みをそろえる可能性が高い。

実際の影響はどうか。今までは損益計算書（ＰＬ）にリース料を書くだけだったが、これからはＢＳに資産と負債の両建てで計上しなければならない。オンバランスでＢＳ全体が膨らむため、総資産利益率（ＲＯＡ）など効率性を表す指標が低下すれば、投資家の投資意欲をそぐおそれもある。

今後リース改正の対象となりそうなのは、航空機や船舶、倉庫など、金額が大きく耐用年数の長いものが多い。業種では、エアラインや海運、物流、小売業、不動産会社が当てはまるとされる。

オペリースも計上の義務

先行して決算で判明した業界の１つがコンビニ。直営以外にＦＣでも運営されるコンビニは、本部が地主から店舗用の土地・建物を長期賃貸借契約として、リースで借りるケースが少なくない。

実際にファミリーマートは20年2月期第1四半期（3～5月期）、ＢＳの資産の部では「使用権資産」として7697億円を、負債の部では「リース負債」として7177億円をそれぞれ計上した。ＰＬでは従来の借地借家料のほかに、「減価償却費」と「支払利息」を計上している。

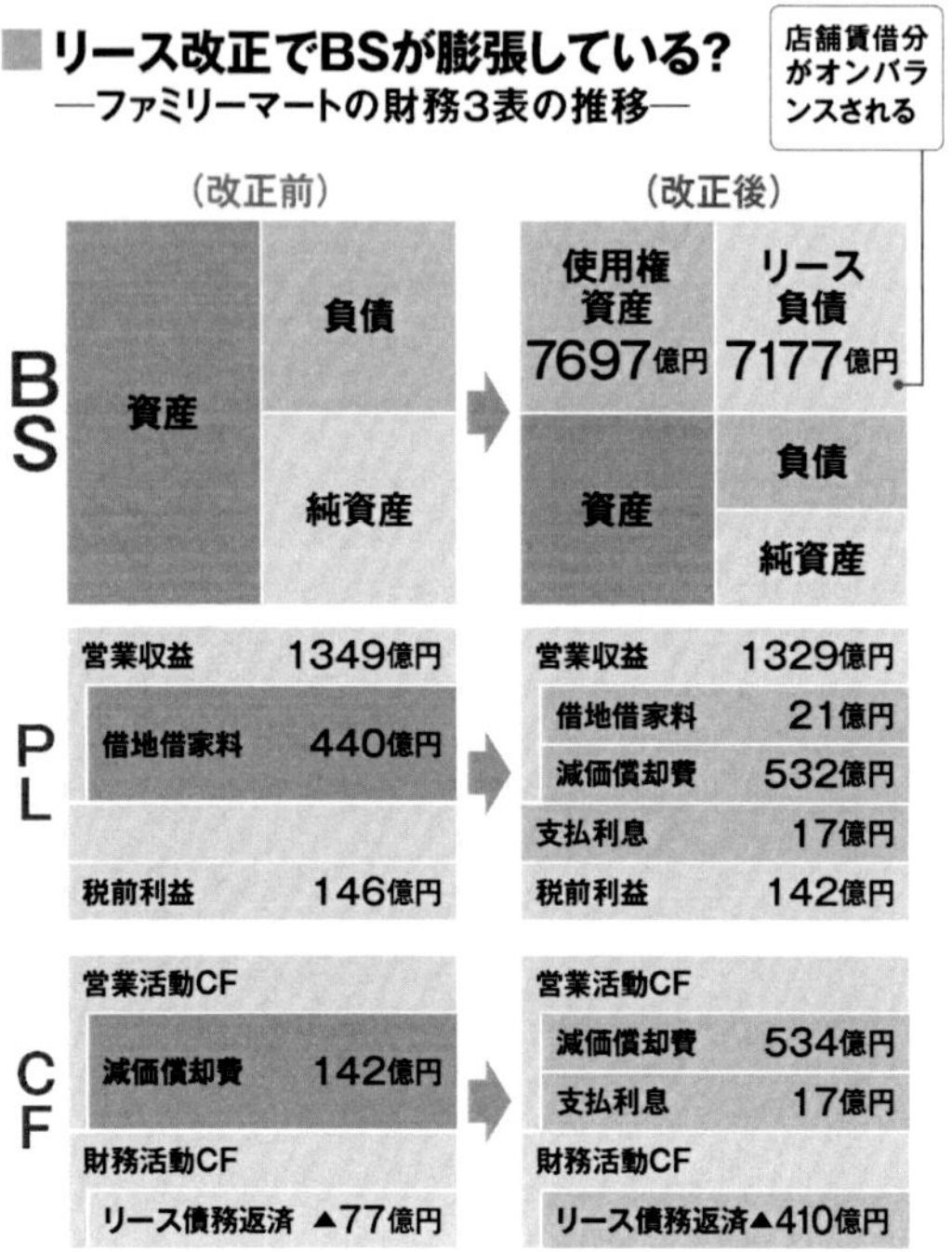

(注)2019年3~5月期。オペレーティングリースに加えファイナンスリースも含む

また三菱商事の同3月期第1四半期決算で明らかになったのが子会社ローソンへの影響。使用権資産やリース負債が約1・2兆円増加したが、原因として「コンビニ事業が大半を占める」と認めた。両社とも通期決算が注目されよう。

他方、そうした企業に物件を貸し出すリース業界には、まさに本業での需要減退が懸念される。かつては初期投資が抑えられるうえ、会計処理も簡単に済んだリース。関係者は当面、制度改正に気をもむ毎日が続きそうだ。

（大野和幸）

簿記は儲けの分け合いで発展した

公認会計士・田中靖浩

会計の本なのに数字の話はいっさい出ず、読みやすいと評価が高い『会計の世界史』。人々の喜怒哀楽や欲望の中、いかに今日の会計ができあがったのか、物語のように描かれている。登場人物も画家や発明家、政治家などさまざまだ。著書の田中靖浩氏に本書の狙いを聞いた。

——「簿記の原型はイタリアで生まれた」とありますが。

イタリアで簿記や銀行が生まれたと聞いて、びっくりする人が多いと思う。今では財政悪化でＥＵ（欧州連合）のお荷物なのだから。

中世のころ地中海貿易では、儲けた商人がイタリアに多かった。商人は道中でつねに狙われる危険にさらされ、これを見た銀行が商人に為替手形取引の提供を始めた。ある銀行支店で発行した為替手形が国境を越えたり、別の通貨で引き落とされたりする。

こうして銀行の拠点商売が発展していく中で、組織全体を統合した取引記録が必要になっていった。商人側も商売拡大に伴って、記録をつけるようになり、イタリアで簿記の原型が生まれた。

――「自分のため」に行った会計がだんだん「他人のため」の会計になっていったと。

1人ではなく、仕事仲間と共同出資する商売が広がっていき、その後さらに商売には携わらないがお金だけは出す資金提供者、つまり株主が出てきた。1602年にオランダで設立された貿易企業「東インド会社」は世界初の株式会社とされる。

当時は海の上で他国、ライバルと会うと、大砲をぶっ放して相手を沈めろという時代。東インド会社は大砲搭載の大型船で大船団を組んだり、航海先にも港を造ったりと、巨額の資金が必要だった。

共同出資者や株主にきちんと儲けを報告・配分するのが会計のルーツだ。そうでないと、誰がいくらもらえばいいのかわからず、けんかが起こる。ただ、気前よく配当しすぎて、東インド会社は調子が悪くなっていった。

――蒸気機関車の発明も会計に大きな影響を与えました。

減価償却という重要な手法が用いられ始めたのは、このとき。鉄道会社は巨額の設備投資費用がかかり、現金収支だと凸凹が大きすぎるので、支出をならして毎年利益が出るようにした。これも株主がいて配当をするためにできたもの。お金がないのに、利益があるとはどういうことかと、会計の勉強を始めた人はみんな悩む。でも会計というのは、現金から離れた利益を計算すべく、発展してきた。

ちなみに鉄道会社への投資がブームだったころ、倒産の危険性を測るため、流動性分析がめちゃくちゃはやった。当時「流動比率200%以上が望ましい」といわれたものが今でも残っている。

――会計知識や決算の分析力は必要ですか。会計学習のアドバイスをするなら。

取引先の決算書を読むのも自分の会社を知るのも大事。私の講座の受講生で、決算書の読み方をマスターして、自分の会社の決算書を見て辞めた人もいた（笑）。

会計でも財務会計と管理会計があり、ファイナンス、監査、内部統制……とまるでジャングル。だからまず自分が学びたいのはどこか、全体像をつかんでから各論に入るべきだ。今回の本はその全体像を提示するために書いた。

（聞き手・田野真由佳）

田中靖浩（たなか・やすひろ）

1963年生まれ。早稲田大学商学部卒。外資系コンサル会社などを経て独立。経営コンサルやセミナーも手がける。著書に『実学入門　経営がみえる会計』など。

投資判断にも役に立つ「企業の将来」の占い方

早稲田大学ビジネススクール教授　公認会計士・西山　茂

財務が専門でない投資家やビジネスパーソンにとって、わかるようでわからないのが「ファイナンス」。詳細な計算式はさておいて、考え方の基本だけでも理解しておきたい。早稲田大学ビジネススクールの西山茂教授に、ファイナンスのよくある疑問について、誌上講義をしてもらった。

【疑問1】会計とファイナンスどう違うのか?

会計とは企業の立場で数字を扱うもの。具体的には、企業の業績を外部に報告する財務諸表の作成・分析に関する「財務会計」と、社内で経営管理をする「管理会計」との2つに分かれる。

一方のファイナンスは、企業にお金を出す金融機関や株主の立場で、企業に関する数字を扱うもの。具体的には企業が事業を進めるために、どのようにお金を集め、どう投資をして、どう儲けを株主に還元するかの3つがポイントになる。企業は外部からお金を預かって事業を行うので、お金を出している立場の考え方を理解して経営を行い、企業価値を向上させていくことが求められる。

会計はどちらかというと〝過去〟の話がベースになるが、ファイナンスは投資家の目線で〝将来〟を予測する面が強い。


近年は上場企業が外部の投資家の目線を意識する必要性が増している。そもそも日本でファイナンスへの意識が高まったのは2000年以降。かつて日本企業の資金調達は銀行からの融資が中心で、株式は持ち合いが多く、ファイナンスの考え方を取り入れていたのは、海外とのやり取りの多い商社など一部にすぎなかった。

しかし、持ち合いの解消や市場からの資金調達の活性化で、投資家と向き合う場面が増加。M&Aが増えたことや、上場企業へのコーポレートガバナンスコード（企業統治指針）の導入も、ファイナンス浸透を後押ししている。

ついついファイナンスは、財務関係の部署以外には関係ないと思いがちだが、そうではない。

取締役会の意思決定で数字に関係する内容は4つある。1つは財務会計の分野である決算書の承認。そして残る3つ、資金調達、規模の大きな投資、株主還元は、すべてファイナンスに関する事項。ある外資系メーカーは新製品の価格設定にもファイナンス担当者の視点を取り入れている。経営幹部はもちろん、経営陣の判断基準を知ったうえで提案ができるよう、現場の社員もファイナンスの大枠を把握することが必要だ。

【疑問2】来年の1億円は今の1億円と同じ?

ファイナンスでは、来年、再来年、そして数年後にどうなるか、将来を予測し、事業や企業の評価をする。今年1億円儲かり、来年また1億円儲かる場合、それぞれの1億円を同じ価値と考えていいかは、重要なポイントだ。

「1億円は1億円で同じ」と考えがちだが、ファイナンスにおける概念はそうではない。今年1億円を稼ぐことができれば、そのお金を預金などで運用できる。「今年稼ぐ1億円は、来年稼ぐ1億円より金利分の価値だけ高くなるはず」というのが基本的な考え方。2年目以降については、前年の金利分に発生する金利も考慮し、複利で考える必要がある。

ここで重要なキーワードがある。まず将来の儲けを現時点の価値に置き直した「現在価値」。そして将来価値を現在価値に置き直すために金利などによって調整する「割引率」だ。割引率はディスカウントレートともいわれる。

では預金ではなく、リスク（不確実性）のある企業や事業へ投資する際、将来の儲けをどう考えればいいか。その際には資金の出し手がその企業に対して〝期待する儲けの割合〟が割引率として使われる。なお、この期待する儲けの割合とは、先ほどの金利とリスクをベースに決定される。

例えば毎年5％儲けたい投資家にとって、今年投資する100億円は、来年には105億円に増えていなければならない。つまり1年後の105億円の現在価値は100億円ということだ。この場合、割引率は5％。裏返すと、割引率を5％とした場合、1年後の1億円の現在価値は9523万円、2年後の1億円の現在価値は9070万円である。

リスクが大きくなれば、投資家はそれに見合う儲けを期待する。期待する儲けが大きくなるほど、割引率は大きくなり、現在価値は小さくなる。

■来年の1億円は現在の9523万円と同じ
―現在価値と割引率―

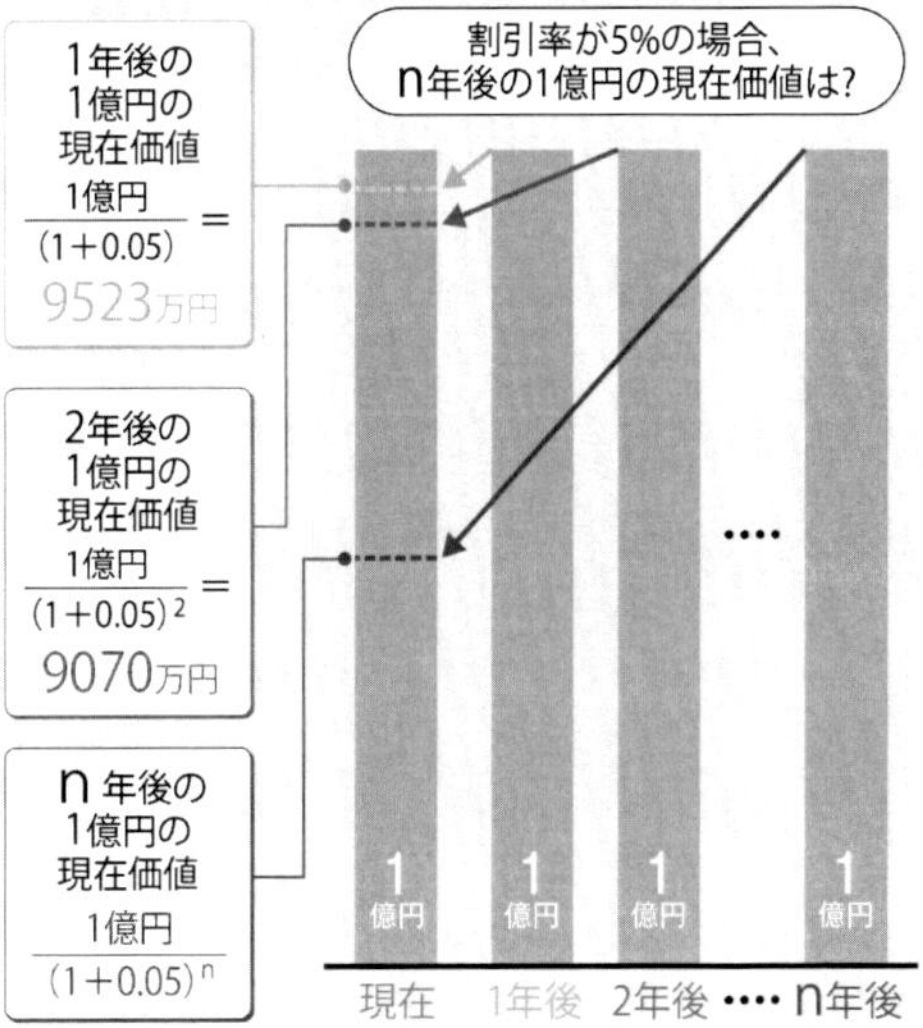

【疑問3】株主からの資金調達コストはタダ？

企業がお金を集める方法としては、金融機関などからの借入金や社債の発行による調達と、株主からの出資による調達がある。

当然ながら借入金や社債では、借りたお金にかかる金利がコスト（有利子負債コスト）になる。ただし、金利を払うことによって税金の対象となる利益が減るので、引かれる税金が安くなる。この節税分を金利から差し引いたものが実際のコストといえる。

それに比べ、株主からお金を集めるときのコスト（株主資本コスト）は、もう少し複雑だ。株主に支払うコストというと、通常は配当が思い浮かぶだろう。だが配当しなければ資本コストはタダかというと、そうではない。

ファイナンスにおいては、前項で割引率として使った投資家が企業に期待する儲けの比率は、企業側から見れば、投資家からお金を集めるためのコストになる、と考えるわけだ。この場合の投資家が期待する儲けは、配当だけでなく、事業の成長を通じ株価を上昇させることも含めたものとなる。

株主資本コストとは、金利とリスクを考慮した考え方、ともいい換えられる。ほぼ確実に期待できる儲け（通常はリスクフリーの長期国債金利など）に、株式投資するときに期待する追加の収益（日本の過去の実績では6％程度）に企業ごとの株価変動リスクをかけ合わせたものを加え計算する。

そう考えると株主から集めるお金には思っている以上にコストがかかっていることがわかる。企業ごとにコストも考えた有利子負債と株主資本のバランスが重要だ。両者を合わせた全体の「資本コスト」と、ファイナンスでたびたび出てくる「WACC」（加重平均資本コスト）については、後に解説する。

【疑問4】新規事業は本当に儲かっている？

ファイナンスで新規事業を評価する際は、実際のお金の動きを示すキャッシュフロー、とくに投資する金額を差し引いたうえでの儲けを示す、フリーキャッシュフロー

（ＦＣＦ）がベースとなる。判断基準に使われる代表的な方法が「ＮＰＶ（正味現在価値）法」だ。

ＮＰＶ法では、将来その事業から稼げるＦＣＦを予測し、資本コストを割引率として現在価値に置き直してから、すべて合計するといくら儲かるかをみる。その現在価値から初期投資を差し引いた後、残ったのが正味現在価値である。この数値がゼロならば投資してトントン、プラスならば投資すべきだといえる。

例えば１００万円で設備を購入、３年間で毎年２０万円の儲け（ＦＣＦ）があり、３年目の終わりに設備を５０万円で売却したとする。普通に考えると、３年分の儲け６０万円と設備売却５０万円で合計１１０万円となるのに対し、初期投資が１００万円だから、差し引き１０万円プラスなので、これは投資すべき案件だろう。だがファイナンスの見方では違う。

同じケースをＮＰＶ法でみると、資本コスト（＝割引率）を８％とした場合、１年目のＦＣＦ２０万円の現在価値は１８・５万円になる。同じく2年目は１７・１万円、３年目は設備の売却額も加えて５５・６万円。３年分の合計は９１・２万円になる。

ここから初期投資100万円を差し引いた8・8万円のマイナスが正味の現在価値なのだ。つまり、投資すべき案件でない、ということになる。

このようにファイナンスの観点に立ってみると、たとえ会計上黒字の新規事業であっても、お金を預かる企業として資金提供者が求める水準に達していないこともありうる、ということになる。

■新規事業に投資すべきか、こう判断せよ
—NPV法の活用例—

（例）イタリア料理店が100万円のピザ用窯を購入。3年間で毎年20万円の儲け（FCF）を出し、3年目の終わりに設備を50万円で売却。単純合計すれば10万円の利益が出るように見えるが…

現在	1年目	2年目	3年目
100万円 投資	20万円の 儲け	20万円の 儲け	20万円の 儲け ＋ 50万円での 売却

が、ファイナンス（NPV法）ではこう考える

※NPV＝ $\dfrac{n年目のFCF}{(1+割引率)^n}$

割引率を8%と置くと

1年目のFCFの現在価値 $= \dfrac{20万円}{(1+0.08)} = 18.5$万円

2年目のFCFの現在価値 $= \dfrac{20万円}{(1+0.08)^2} = 17.1$万円

3年目のFCFの現在価値 $= \dfrac{20万円+50万円}{(1+0.08)^3} = 55.6$万円

現在価値18.5万円 ＋ 現在価値17.1万円 ＋ 現在価値55.6万円 ＝ 合計91.2万円になる

➡ 現在価値は91.2万円で投資は100万円だから、8.8万円損する ➡ 投資すべきでない！

【疑問5】 無配当の会社はダメなのか?

企業が保有するお金の使い道としては、大きく分けて、「負債(借入金)の返済」、「事業への投資」、配当や自社株買いを通じた「株主への還元」がある。

適正規模の借入金は問題ないが、企業の存続に関わるほど借入金が多いのであれば、借入金を減らすことを優先しなければならない。借入金がバランスの取れた水準なら、事業を成長させるため投資を行う。さらにそれでもお金に余裕があるなら、配当や自社株買いを通じ、株主への還元に回す。

もちろん、必ずこの順番にお金を使わなくてはいけない、ということではない。借入金の返済、事業投資、株主還元の優先順位を考えながら、バランスよくお金を使っていくことが大切だ。

最適な配分は企業の成長ステージや財務状況によって変わってくる。立ち上げ段階の企業だったら、株主や金融機関からお金を集めて事業に投資し、成長を目指す。その段階では積極的に投資し事業を拡大することが優先される。ある程度成長しても、事業投資のチャンスが多くあれば、投資を優先して無配当を続ける企業も多い。

そして、事業が安定軌道に乗って、大きな投資をしなくても安定的に儲けられるようになってくれば、借入金の水準を適正にコントロールしながら、株主還元にもお金を使っていく。

ただ、配当を開始した後に業績が悪化し、余裕がなくなって株主還元をやめることもある。そう考えると、株主還元をしない企業には、成長期で事業への投資を積極的に行っている企業と、業績不振で財務に余裕がない企業の2通りがあるということになる。

では、投資に回すか還元するかを、どう判断するか。これは資本コストを上回る儲けが出る投資案件があるかが基準になる。

投資をしても、投資家が期待する収益を上げられないなら、そのお金は株主還元などで返したほうがいい、ということ。企業は万が一に備え余分なお金を確保しがちだが、投資家はそのお金にも資本コストが発生していると考える。この点は企業と投資家で考え方が相反しがちなところだ。

WACCで資本コストを算出する

資本コストがいくらかかるかを詳しく知るためには、「WACC（ワック）」（加重平均資本コスト）を理解していなければならない。

WACCは集めたお金全体から有利子負債コストと株主資本コストを加重平均して算出する。通常、債権者より大きなリスクを負う株主のほうが期待するリターンは大きく、株主資本コストは有利子負債コストよりも高い。

■ **資本コストはこれだけかかる**
—有利子負債コスト・株主資本コストとWACC—

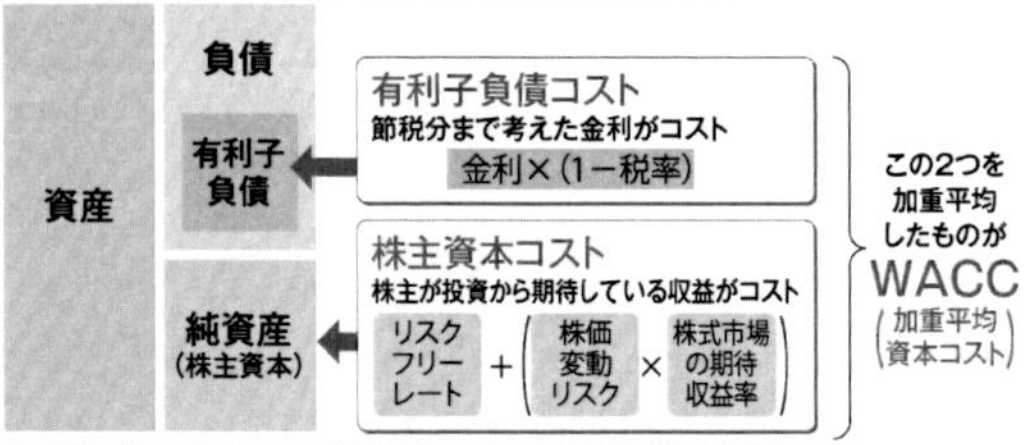

（出所）『「専門家」以外の人のための決算書＆ファイナンスの教科書』を基に本誌作成

企業によって違いはあるものの、日本企業のWACCは、5％以上10％未満が多いとされる。お金を出している側から見れば、企業がWACCを超える収益率を出せていないのであれば、期待に応えていないということだ。

新規事業の投資判断の手法でNPVを取り上げたが、額で判断するNPVに対し、率で判断するのが「IRR」（内部収益率）である。

そのIRRは投資がフリーキャッシュフローベースで年平均何％儲かるかで評価する手法。最低でも、WACC（例えば8％）を超えるIRRを達成することが必要で、それをどれだけ超過できるかが投資の判断を左右する。

結局、さまざまな投資案件から中長期で儲かる事業を選ぶには、NPVとIRRを考慮するのが好ましい。いずれにせよ資本コストを意識することが重要だ。

西山　茂（にしやま・しげる）

1961年生まれ。早稲田大学政治経済学部卒。米ペンシルベニア大学ウォートン校でMBA取得。著書に『「専門家」以外の人のための決算書&ファイナンスの教科書』など。

DCF法　買収価格をどう算定するか

財務戦略アドバイザー　インテグリティ代表取締役・田中慎一

M&Aにおいて買収価格をどうはじけばいいのか――。

会社の価値を計算することを「企業価値評価」というが、ファイナンスの世界で最も理論的とされている評価方法が、「ディスカウンテッド・キャッシュ・フロー法（DCF法）」だ。

ファイナンスでは、企業の実力（＝企業価値）については、本業のビジネスが将来生み出すキャッシュで評価しようという、基本的な手法が存在する。キャッシュだけで企業価値を評価するなんて、「しょせんお金次第か」といった反発や、「のれんや得意先、知的財産権は評価されないのか」という疑問を感じる方もあろう。

しかし、単純明快なキャッシュという共通のモノサシで測ることは、何より便利でわかりやすい。価値があるはずと主張するのれんも、キャッシュを生み出さない限りファイナンスの世界では価値がゼロ。立派な設備の工場を持っていても、赤字を垂れ流し経営危機に陥った家電メーカーの例をイメージすれば納得できる。

4つのステップで計算

まず企業価値について考えていきたい。DCF法では、評価対象となる企業が将来生み出す、フリーキャッシュフロー（FCF）の現在価値を求めるのが基本だ。そこで求められた現在価値は、本業のビジネス（＝事業）の価値だから、「事業価値」と呼ばれる。

■ 買収価格の基準となるのは「株主価値」

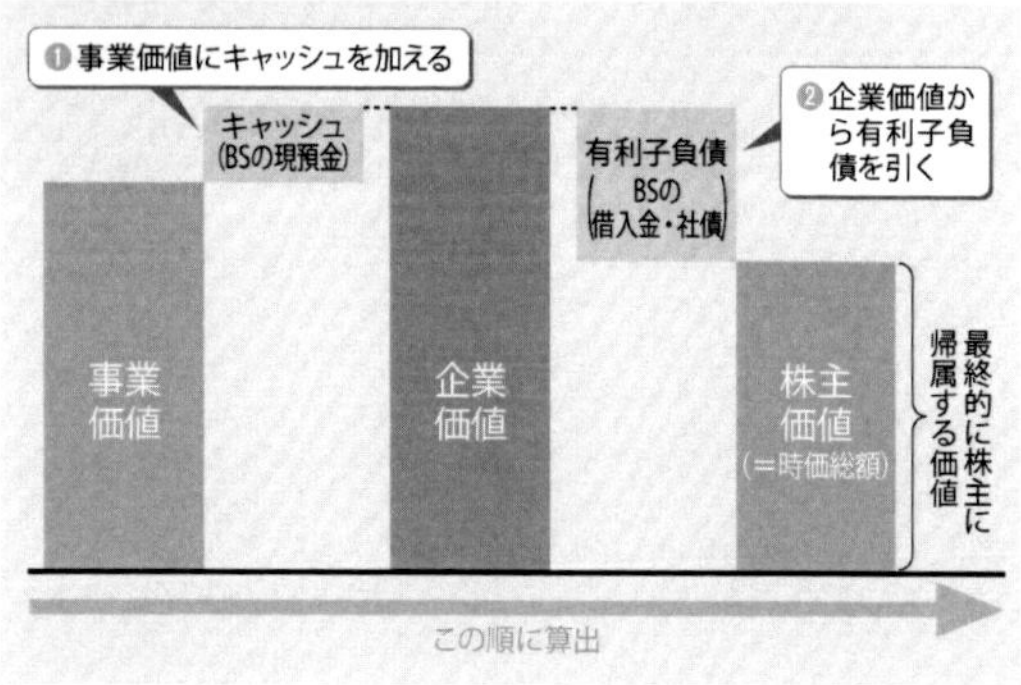

事業価値は企業が将来生み出すFCFの現在価値だが、これとは別に企業が現在保有している手元のキャッシュ（現金や銀行預金など）も考慮する必要がある。この事業価値と手元のキャッシュを合計したものが、企業全体の価値、すなわち「企業価値」となる。

ところで、企業は債権者（銀行）と株式投資家（株主）という2種類の投資家からお金を調達し、事業に投資を行うことでリターンを上げている。そのリターンから、債権者には元本の返済と金利の支払いを行い、株主には配当の支払いや自社株買い、株価の向上という形で分配していく。

つまり企業価値は債権者と株主に帰属する価値というわけだ。したがって、企業価値から債権者の取り分である有利子負債（借入金・社債）の残高を差し引いた残りが、株主の分け前である「株主価値」となる。上場企業でいう時価総額は、この株主価値に相当する。M&Aの実務においても、DCF法で計算した株主価値をベースに、買収金額が決められている。

ＤＣＦ法のプロセスはいたってシンプルだ。
①将来の予想ＦＣＦを見積もる
②割引率が何％かを設定する
③ターミナルバリュー（継続価値、ＴＶ）を求める
④各年のＦＣＦとターミナルバリューの現在価値をそれぞれ算出して合計する
という４つのステップをもって完結する。

■ DCF法は事業価値を4つのステップで計算する

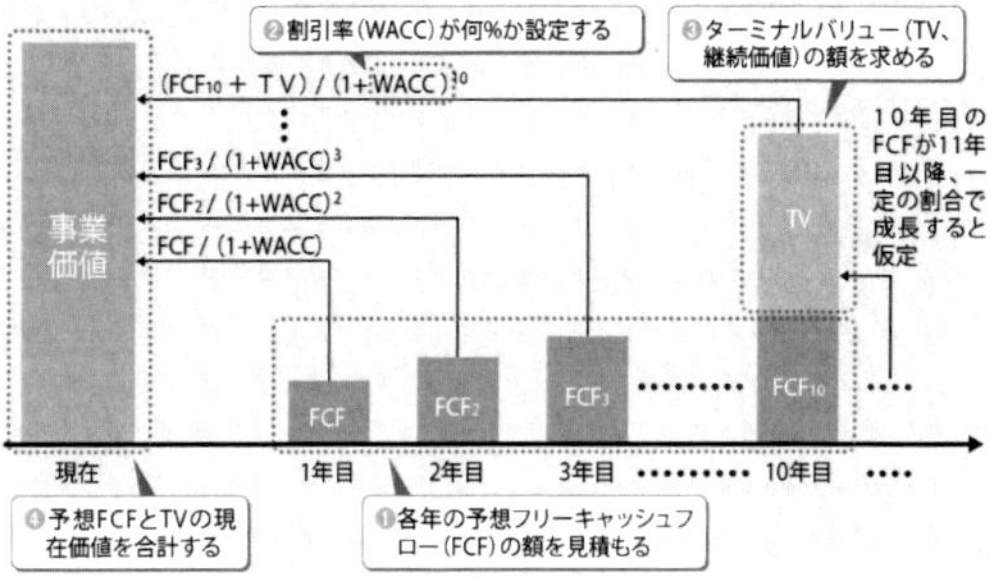

（出所）「コーポレートファイナンス戦略と実践」を基に本誌作成

①通常、企業価値評価の対象企業については、3年間から10年間程度の事業計画を策定し、それを基に作成した予想損益計算書（PL）と予想貸借対照表（BS）から、毎期の予想FCFを算出。

②そして、対象企業の目標とする資本構成（有利子負債と株主資本の割合）を求めたうえで、それぞれの資本コストを把握し、対象企業のWACC（ワック：加重平均資本コスト）を設定。これを割引率とする。

③次のステップがターミナルバリューの算出だ。ファイナンスでは企業活動が未来永劫続くという前提を置くため、対象企業がFCFを生むのは事業計画の限られた期間中だけではない。DCF法では、仮に予想FCFを10年分見積もる場合、11年目以降に生み出すFCFの現在価値も計算しなければならない。予測最終期間以降に生み出すFCFの予測最終期末における継続価値をターミナルバリューと呼ぶ。

とはいえそんなに先のFCFを精緻に見積もることは難しい。そのためターミナルバリュー計算の際は、予測最終期間以降にどの程度の成長率でFCFが増えるか仮定を設ける。実務では長期的な物価上昇率（1%程度）と同程度の成長が続くと仮定。

将来のＦＣＦの合計値の予測最終期間における現在価値をターミナルバリューとする。
④こうしたステップを踏み、ＷＡＣＣを割引率とし各年度の予想ＦＣＦとターミナルバリューを、それぞれ現在価値に割り戻し合計したものが、事業価値となる。
ＤＣＦ法は、見積もりや前提、仮定など不確定要素が多い。実務でＤＣＦ法を適用する際は、過去の業績から将来のＦＣＦがある程度予測できる成熟期の企業であることが、暗黙の了解。計画のブレが大きい新興企業にＤＣＦ法が適さないことには注意が必要だ。

複数の手法で補完し合う

業績の安定した企業を評価する際も、ＤＣＦ法だけ使って終わりかといえば、そうではない。実務上はＤＣＦ法の弱点を、「類似企業比較法」（類似企業＝Comparable Companies を略して、Ｃｏｍｐｓといわれる）で補完している。

Ｃｏｍｐｓは、評価対象企業と類似の上場企業の事業価値が、株式市場において利益の何倍で評価されているかという、いわば〝相場感〟をチェックするものだ。簡単かつ便利なことから、投資銀行のバンカーも重用している。

業種の差を無視すれば上場企業の事業価値は、ＥＢＩＴＤＡ（利払い・税引き・償却前利益）のおおむね8倍で評価されている。この「8倍」という数字を覚えておくと非常に便利なので、読者には強くお勧めしておきたい。

時間がかかるＤＣＦ法に対し、Ｃｏｍｐｓであれば、おおまかな株主価値を比較的簡単に計算できる。まず対象企業のＰＬから、営業利益に減価償却費の金額を加えてＥＢＩＴＤＡを求め、それに8を掛けたら事業価値の出来上がり。あとは対象企業のＢＳにある現預金を加え、そこから有利子負債を引いたら、株主価値になる。

とかくＭ＆Ａは難解だが、だからこそ企業価値の算出方法を理解できれば武器になる。あなたが経営幹部から「この会社を買収しようと思っているが」と問いかけられたとしよう。ファイナンスの手法を駆使し、「買収金額は◯億円が相場です」と応じられたら、ビジネスパーソン冥利に尽きる。

田中慎一（たなか・しんいち）

1972年生まれ。慶応大学経済学部卒。大手監査法人や証券会社の投資銀行部門などを経て2008年独立。著書・共著に『コーポレートファイナンス戦略と実践』など。

払ったプレミアムは24%

M&A　ZOZOをお手頃価格で手に入れた?

2019年ネット業界を最も騒がせたM&Aといえば、Zホールディングス(ZHD、旧ヤフー)によるZOZO(ゾゾ)の買収だろう。楽天、アマゾンが双璧を成すネット通販(EC)の市場において、競争環境を激変させるインパクトをも秘めている。

19年11月13日を期日とするゾゾ株の買付価格は1株2620円。ZHDの買収案件としては、過去最大規模の約4000億円を投じ、50%超の株式取得を目指す。

買収発表直前の1カ月間でみると、ゾゾ株の終値平均は2111円だった。今回の買付価格はこれに対し、24%程度のプレミアム(上乗せ幅)となっている。「一般的には30%以上のプレミアムをつけるケースが多く、ZHD側からすれば比較的リーズナブルな買い物だったといえる」。シティグループ証券株式調査部の鶴尾充伸ディレクターはそう分析する。

では買付価格はどう算定されたのか。ＺＨＤの開示資料には3つの算定法が根拠として挙げられている。2620円という価格は、3つのうち、「類似企業比較法」と「ＤＣＦ法」の算定価格レンジに収まるものだ。

1株2620円はこう算定された
—ヤフーによるZOZO買収の経緯—

❶市場株価基準法＝1993～2166円
過去6カ月の終値単純平均＝1993円
過去1カ月の終値単純平均＝2111円
9月11日終値＝2166円

❷類似企業比較法＝2392～3037円
楽天、サイバーエージェント、リクルートHDなど
「インターネットセクターでカテゴリーリーダーを中心に複数社をピックアップ」（ヤフーのコメント）

❸DCF法＝2333～3077円
買収したZOZOが生み出すCFの割引現在価値
「ファッションEC市場の成長性を踏まえてZOZOの成長を予想」（ヤフーのコメント）

＋

ZOZOへのデューデリジェンス、
前澤氏との協議・交渉

＝

ヤフーが取締役会で決定
公開買付価格＝1株 **2620円**

1株2620円の根拠

類似企業比較法について、ZHDは比較対象企業の具体名は明かさないが、「インターネットセクターでカテゴリーリーダーを中心に複数社をピックアップした」（同社）という。業容はまちまちだが、ECで首位の楽天、ネット広告代理で首位のサイバーエージェントなどが候補に挙がりそうだ。一方のDCF法は「ファッションEC市場の成長性を踏まえゾゾの成長を予想」した結果だという。

最終的な買付価格はこれら3方式の算定結果を基に、ゾゾの創業者で当時社長だった前澤友作氏（ゾゾ株の約36％を保有する筆頭株主）との協議のうえ、旧ヤフーの取締役会で決定している。

ここでもし、さらに高い価格を提示し、敵対的買収に名乗り出る企業が現れたらどうなるか。ZHDは買付価格を上げて応戦するだろう。が、今回はそうした可能性は、低かったようだ。ZHDと競合する他社に目を向けると「楽天は携帯電話事業に巨額投資の大勝負中で手を出せない。アマゾンもグローバルに効果を発揮しそうな買収でなければ積極的に行わないし、そもそも前澤氏がゾゾをアマゾンに託すことも考えにくい」（鶴尾氏）ためである。

ＺＨＤの親会社、ソフトバンクグループの孫正義会長兼社長は、前澤氏が以前から師と仰ぐ人物で、経営に関するさまざまな相談を持ちかける間柄。この点も買収協議においては、ＺＨＤにとっての好材料になったと考えられる。

とはいえ、本当に「リーズナブルな買い物だった」といえるかは、今後の業績次第。ファッションＥＣの競争は熾烈を極めている。ＤＣＦ法で想定したとおり、ゾゾの企業価値を伸ばせるか、ＺＨＤの真価が試される。

（長瀧菜摘）

有報は重要な事実が盛られる情報の宝庫

年に1度の提出が義務づけられる有価証券報告書（有報）。ここに決算短信にない貴重な情報が眠っているのをご存じだろうか。

例えば社員の平均年齢と平均年間給与。最近はキーエンスの高給が話題だが、その情報源は有報だ。2019年3月期は35・8歳で2110万円だった。「従業員の状況」では平均勤続年数や従業員数も知ることができる。

ただ、平均年間給与はあくまで上場している会社単体の平均で、連結全体ではない。上場しているのが純粋持ち株会社など、連結と単体で人員構成の乖離が大きすぎる場合、注意する必要がある。

また役員報酬も有報のみの開示項目になる。「役員報酬等」には、1人で年1億円以上もらっている役員として、誰が何の名目でどのくらいもらっているかわかる。

2019年8月5日に上場を廃止したユーシン。4億円の最終赤字を計上した14年11月期、当時トップの田邊耕二会長兼社長が14億円もの役員報酬を得ていたことがわかり、後に株主代表訴訟が提起される騒動にまで発展した。

役員報酬は全員の総額を株主総会で決議し、配分は取締役会一任が一般的だ。報酬委員会がなくトップの権限が強いと、極端な配分になるおそれがある。株主から追及されやすいポイントだが、総会前に公開されないと、それも1年先になってしまう。

保有賃貸不動産の含み益も有報独自の開示項目だ。「賃貸等不動産関係」には、期末の時価と簿価（貸借対照表計上額）が載っており、差額がプラスなら含み益。三井不動産は19年3月期末で2・7兆円の含み益を保有する。

宝の持ち腐れもバレる?

土地の簿価は「主要な設備の状況」でもわかる。祖業が衰退後、好立地に拠点を持つ老舗企業は、莫大な含み益が株価に反映されず安値で放置されるから、買収の標的になりやすい。廣済堂は子会社運営の火葬場が収益柱だが、19年3月期末で都内に簿価92億円（坪54万円）と極端に安い土地を保有。巨額の含み益を狙う村上ファンドが株付けした経緯がある。

税効果の内容も欠かせない情報だろう。かつては決算短信にはほぼ添付されていたものの、近年では「税効果会計関係」として有報でしか見られない企業が多い。

シャープは税務上の赤字となる繰越欠損金の税効果分が19年3月期末で3020億円もある。法定実効税率は30・4％なのだが、税効果適用後の法人税等の負担率は、2・9％まで縮小した。今後長期間、税負担が少なくて済む。

ほかには経営上の重要な契約がなかなか興味深い。「経営上の重要な契約等」の欄には、ライセンス生産している製品のライセンス元と、契約期間や契約条件が出ている。ライセンスの有無が浮沈を握るような企業は要チェックだ。

約45年間にわたってビスケット菓子の「リッツ」「オレオ」を日本に根付かせた山崎製パン。子会社のヤマザキ・ナビスコが米モンデリーズからライセンス契約の更新を拒まれ、契約満了とともに生産・販売の撤退を余儀なくされたのは16年8月だった。
その契約は12年に5年更新から2年に短縮され、14年には1年になり、最後は8カ月更新。後から振り返ってみれば、数年前からその前兆があったことがわかる。

（金融ジャーナリスト・伊藤　歩）

安全性・収益性・将来性

KPI　3つの視点で経営指標を見よ

経営コンサルタント・小宮一慶

決算書で企業分析する場合、「安全性」「収益性」「将来性」という、3つの視点が必要である。これらの視点に関するKPI（重要業績評価指標）をケーススタディで見ていきたい。

意識すべきは①安全性→②収益性→③将来性の優先順位だ。

まず①安全性では貸借対照表（BS）からその企業が倒産しないかを読み取る。次に②収益性では損益計算書（PL）から利益を十分稼いでいるかを調べる。そして③将来性ではキャッシュフロー計算書（CS）からお金を何に投じているかをチェックする。

大事なのは「安全性」「収益性」「将来性」
―経営指標を使った企業分析―

「安全性」を見る	手元流動性	（現預金＋有価証券）÷月商
	流動比率	流動資産÷流動負債
	自己資本比率	自己資本（純資産）÷総資産
「収益性」を見る	売上高成長率	（当期売上高－前期売上高）÷前期売上高
	売上原価率	売上原価÷売上高
	販管費率	販管費÷売上高
	棚卸資産回転月数	棚卸資産÷1カ月当たり売上原価
	ROE	純利益÷自己資本
	ROA	利益÷総資産
「将来性」を見る	3つのキャッシュフロー	営業キャッシュフロー＞（投資キャッシュフロー＋財務キャッシュフロー）のマイナス分
	キャッシュフローマージン	営業キャッシュフロー÷売上高
	設備投資と減価償却	固定資産の取得vs.減価償却費

① 安全性で流動性を見る

会社は潰れたら終わり。倒産を防ぐためには赤字でも債務超過でもなく、現金がいくらあるかに注目する。安全性を見る経営指標はＢＳを用いた「手元流動性」「流動比率」「自己資本比率」だ。

手元流動性は（現預金＋有価証券）÷月商で求められる。現金化できる資産が月商の何カ月分あるか。東証１部の大企業は１カ月分、２部は１・２〜１・５カ月、それ以下の企業は１・７カ月が目安。小規模なほど現金が必要なのは、調達に時間がかかるからである。

流動比率は流動資産÷流動負債で求められる。１年以内に返済義務のある流動負債に比べ、流動資産がどれだけあるか。１２０％あれば十分だが、日銭の入る小売業なら７０％程度でも構わない。

自己資本比率は自己資本（純資産）÷総資産で求められる。工場など固定資産を持つ製造業は２０％以上、在庫など流動資産を扱う卸売業は１５％あればいい。どの業種も10%ないと過小資本だ。

安全性を見る一例としてRIZAPグループを取り上げたい。

2019年3月期は193億円の最終赤字だった。ただ手元流動性を見るとBSの現金・現金同等物は422億円。売上収益2225億円の1カ月分(月商)は185億円だから、手持ちの現金で2カ月超もつ計算だ。流動比率は流動資産1250億円÷流動負債825億円＝151%で十分ある。

本業のジムなど美容・ヘルスケア部門の利益は11億円の反面、新規のプラットフォーム部門が55億円の赤字で、ライフスタイル部門が3億円の赤字。負ののれんで底上げできなくなった多角化事業を切り離し、本業に特化すれば、すぐに経営危機ということはない。

② 収益性で稼ぎ方を見る

売上高は社会でのプレゼンスに直結する。収益性を見る経営指標はＰＬで測る「売上高成長率」「売上原価率」「販管費率」「棚卸資産回転月数」「ＲＯＥ（自己資本利益率）」「ＲＯＡ（総資産利益率）」だ。

売上高成長率は（当期売上高 − 前期売上高）÷ 前期売上高で求められる。売上原価率（売上原価 ÷ 売上高）や販管費率（販管費 ÷ 売上高）もチェックして、原価などをきちんとコントロールできているかも考える必要があろう。

棚卸資産回転月数は棚卸資産 ÷ １カ月当たり売上原価で求められる。単価が低くても、在庫の回転率が高ければ（回転月数が少なければ）、高収益になりうる。

一方、ＲＯＥは、純利益 ÷ 自己資本で求められる。自己資本でいかに効率よく利益を稼げたか。８％が基準の企業が多いが、好景気なら１０％でもおかしくない。

ＲＯＡは利益 ÷ 総資産で求められる。総資産をどう有効に使って利益を上げているか。純利益でなく、営業利益を使うなら、５％あればいい。ＲＯＥを向上させるには、負債比率を上げるのでなく、ＲＯＡを上げるのが王道だ。

収益性を見るケースでは、JR東海を取り上げてみよう。

同社の19年3月期の売上高営業利益率は37・8%と高く、鉄道などインフラ企業ではほかに見当たらない。ROEも13・4%と高水準。運輸部門の利益が9割以上を占めており、いかに東海道新幹線で稼いでいるかがわかる。

中期的には27年のリニア中央新幹線開業をにらみ新幹線の儲けをリニアにつぎ込む。財政投融資含め9兆円のプロジェクトはJR東海だからできる巨大事業だ。

③ 将来性で種まきを見る

キャッシュの動きから未来に向けた先行投資ができているかも知りたい。将来性を見る経営指標はCSでわかる「3つのキャッシュフロー」「キャッシュフローマージン」「設備投資と減価償却」だ。

キャッシュフローには、営業キャッシュフロー、投資キャッシュフロー、財務キャッシュフローの3つがある。

キャッシュフローマージンは営業キャッシュフロー ÷ 売上高で求められる。7%以上なら適正、10%超なら優良といえる。とくに注意して見るのは有形固定資産の取得と減価償却費のバランス。減価償却は資産の目減りだからこそ、それを超える投資をしているか。

理想的な姿としては、営業キャッシュフローで稼いだプラスで、投資キャッシュフローと財務キャッシュフローのマイナスを賄う形。どれくらい未来への種まきをしているか見極めたいところだ。

将来性で取り上げるのは日本マクドナルドホールディングス。

同社が鶏肉偽装などで234億円もの営業赤字に陥ったのは2015年12月期だった。ただ、業績が悪化する中でも251億円の長短借入金を調達して、減価償却費75億円を大きく上回る119億円の有形固定資産を取得。そのため投資キャッシュフローは128億円のマイナスになった。

自己資本比率60・9%と高いうちの決断がのちの伏線につながる。だからこそ、思い切った店舗改装などで、復活軌道を描けた。18年12月期には営業キャッシュフロー348億円を稼いで、投資キャッシュフロー101億円のマイナスと財務キャッシュフロー73億円のマイナスを賄い、今なお理想の形を続けているのだ。

小宮一慶（こみや・かずよし）
1957年生まれ。京都大学法学部卒。東京銀行や米ダートマス大学経営大学院（MBA取得）、岡本アソシエイツなどを経て96年独立。著書に『1秒で財務諸表を読む方法』など。

企業の浮沈は数字に表れる
—RIZAP、JR東海、日本マクドナルドの経営指標—

RIZAP
グループ
(2019年3月期)

最終赤字でも
資金繰りは心配ない

営業利益	▲93億円
うち美容ヘルスケア部門	11億円
うちライフスタイル部門	▲3億円
うちプラットフォーム部門	▲55億円
最終赤字	▲193億円
手元流動性	2.2カ月
流動比率	151%

JR東海
(2019年3月期)

鉄道などインフラ企業
では高水準の利益率

売上高営業利益率	37.8%
ROE	13.4%
ROA	7.0%

日本マクド
ナルドHD
(2015年12月期)

借金してまで店舗投資
を欠かさなかった

営業活動によるキャッシュフロー 減価償却費	75億円
投資活動によるキャッシュフロー 有形固定資産の取得による支出	▲119億円
財務活動によるキャッシュフロー 長短期借り入れによる収入・支出	251億円

撮影：尾形文繁

粉飾決算　経営トップ追放を狙った告発か

木材卸最大手で1部上場のすてきナイスグループが揺れている。子会社ナイスやナイスエストが仙台のスーパー運営会社から買った土地や首都圏のマンションをザナック社に売却。２０１５年3月期に売上高３１億円、売却益４・１億円を計上した。

■創業家の“支配会社”に売却し売上高計上？

―すてきナイスグループの粉飾決算の構図―

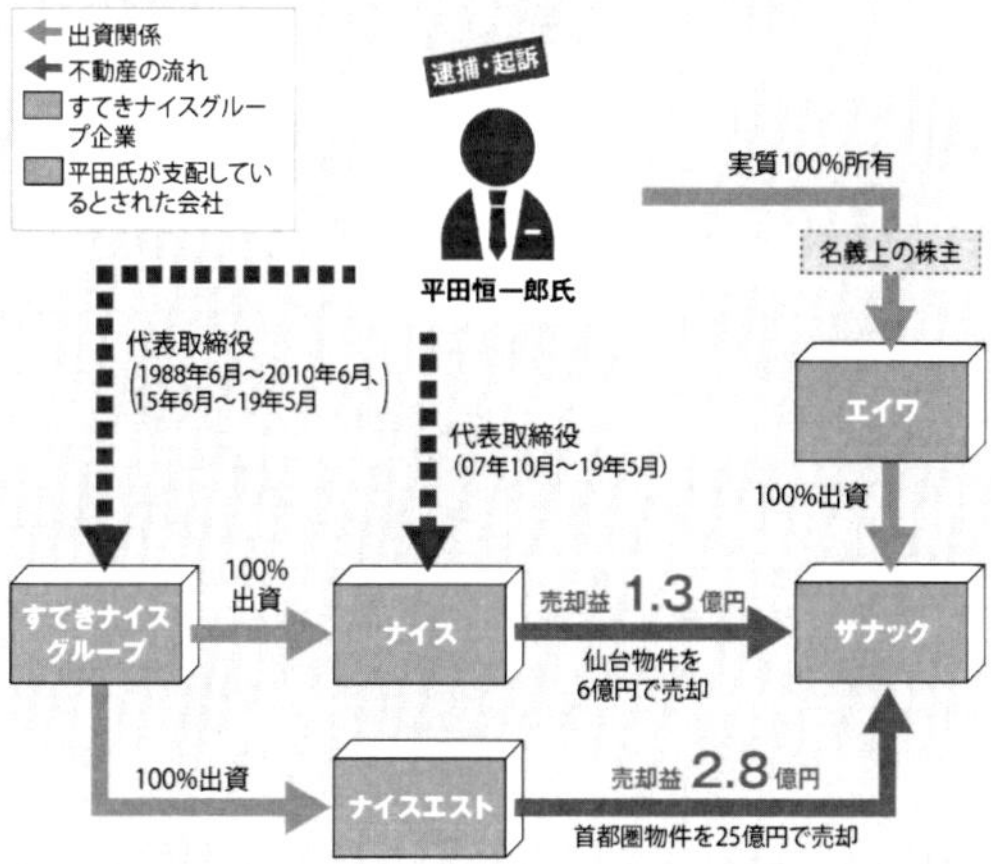

（出所）すてきナイスグループ第三者委員会「調査報告書」（2019年7月24日）、すてきナイスグループの有価証券報告書

これらの物件はナイスがいったん買い戻した後、地銀などが購入している。最終的には売り切ったが、15年3月期の物件売却は粉飾のための〝決算対策〟だった。

すてきナイスは19年8月1日に決算を修正。15年3月期の売上高は2336億円（修正前は2357億円）。純利益は4・5億円の赤字（同4・8億円の黒字）。売上高の規模なら課徴金納付で済みそうだが、赤字を黒字に見せかけたことを、横浜地方検察庁や証券取引等監視委員会は重く見たようだ。

決算修正前の6月16日に横浜地検や監視委員会はすてきナイス本社を強制捜査・調査。同社は6月30日付で第三者委員会を設置した。7月24日に同委員会から報告書を受領すると翌日、平田恒一郎元会長、日暮清元副会長、大野弘元取締役が逮捕された。

容疑は金融商品取引法違反（有価証券報告書の虚偽記載）だ。8月14日に平田氏と日暮氏に加え、法人としてのすてきナイスが横浜地裁に起訴された。一方で大野氏は不起訴となった。

否認を続けた平田氏は起訴後も横浜拘置支所に勾留され続けた。87日間の勾留を経て、19年10月中旬に保釈が認められた。

ぐらつく「平田氏の指示」

しかし平田氏は一貫して、「（粉飾の）計画に関与していない」と主張した。

まず15年3月期に平田氏はすてきナイスの取締役ではなかった。10年ごろに体調を崩し、子会社ナイスの社長に専念していた。

しかし、第三者委員会は「グループに強い支配力を有していた平田氏の了解のないまま、何事も日暮社長（当時）以下の取締役だけで決することができるものではあり得なかった」とし、「平田氏の供述は信用できない」と切って捨てた。

焦点は平田氏の〝支配力〟だ。同氏が創業家出身であること、「白シャツ以外禁止・喫煙禁止・接待ゴルフ禁止」のルールをつくり、破った者を降格させたことを同委員会は挙げた。ただ、これらは合議で決めたことで、喫煙禁止は役員のみ、ゴルフ禁止は癒着防止である。

同委員会は「ザナック社の親会社エイワを支配しているのは平田氏」とも指摘する。エイワ株の名義は平田氏ではないが、「実質保有しているのは平田氏」と書いた自認書が出てきたからだ。

ところがその平田氏に、ザナック社を支配していた自覚はない。自認書の存在も最近まで知らなかったという。エイワの2人の創業者がもめた際、平田氏がエイワ株を引き取ることで、事を収めた経緯がある。その際、すてきナイスの総務担当が万が一に備えて、自認書を作成したにすぎない。

実はこの話には伏線がある。2018年2月、すてきナイス取締役（当時）のA氏が「自分に届いた」として、ある文書を日暮氏に提示。「不正取引に関する公益通報」と題した文書だった。平田氏の個人所有不動産の売買に不正があったとする内容で、「捜査機関への通報は留保している」と告発をにおわせていたのである。

この文書が指摘した案件は第三者委員会の報告書にも出てくるが、同案件を粉飾だと同委員会は認めなかった。一方ではそのA氏にも、水増し請求や不正な資金プールに関する疑惑の解明が社内調査で進んでおり、日暮氏がそのことを告げると、A氏は辞任届を提出した。18年4月のことである。

調査はA氏が退任した後も継続されたが、今回の強制捜査で中断された。結局、経営陣は刷新され、同調査が再開する気配はない。

取締役の大量退任も

似たような事例はまだある。2019年8月21日、エフエム東京（TFM）は粉飾決算をしていたと発表した。第三者委員会の報告書によれば、内容は地上波デジタル放送を行うTOKYO SMARTCAST（TS社）をめぐる粉飾決算だ。

2016年3月にTS社が放送を開始したのと同時に、TFMはTS社を連結し始めた。だが利用者が思うように増えず、TS社の赤字が拡大。そこで同年9月にTS社を連結から外す検討が始まる。

TFMの千代勝美社長（当時）は知人にTS社の増資引き受けを依頼。その知人が代表を務めるB社に、TS社の増資を引き受けてもらった（実態は貸し付け）。それによってＴＦＭの出資比率は４割を切ったかに見えた。

ところがＴＦＭの緊密先のＡ社はＴＳ社株を２％保有。Ｂ社の増資引き受けで総株数が増えＡ社の出資比率も下がったが、Ａ社を含めたＴＦＭグループ全体の出資比率は計４０％になった。緊密先は出資比率にカウントするのが現行の会計ルールだ。しかもＴＳ社の取締役は７人中６人がＴＦＭ関係者。これらからＴＦＭはＴＳ社を連結すべきだったと第三者委員会が結論づけた。

同委員会をＴＦＭが設置したのは、４月の内部告発を受けて監査役会が調査し、そのうえで会計監査人に相談したところ、設置を勧められたからだという。だがこの説明では釈然としない。

■赤字子会社を「持ち分法会社」に仕立てた
―FM東京の粉飾決算の構図―

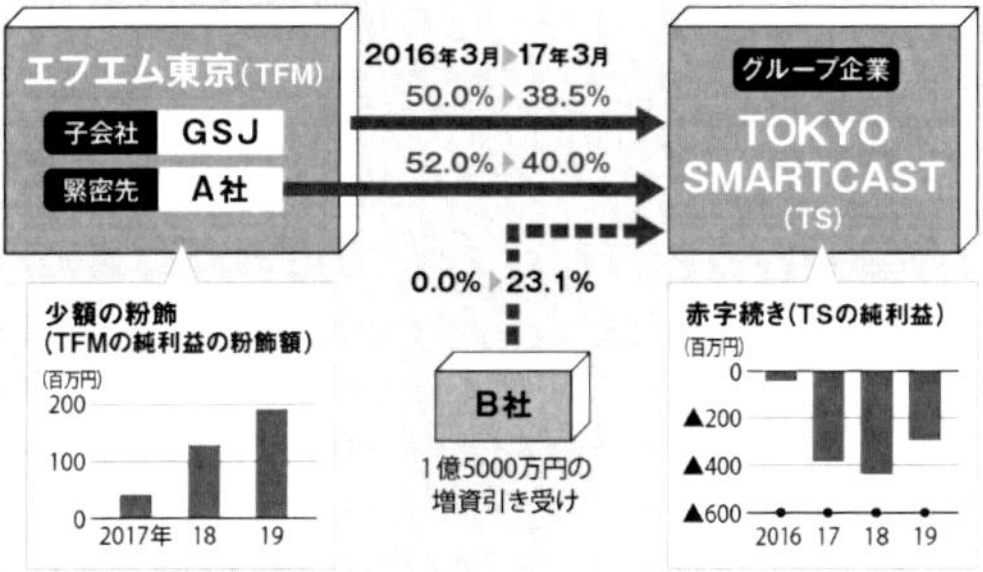

(注)矢印は出資、破線矢印は出資の形態をとった貸し付け。青字はTFMとGSIの合計出資比率、赤字は緊密先A社を含めた合計出資比率。粉飾額は決算修正額。グラフは各3月期。▲はマイナス
(出所)エフエム東京第三者委員会「調査報告書」(2019年8月8日)

ＴＦＭは未上場だ。粉飾しても迷惑をかける一般投資家はいない。金融商品取引法も適用されず、逮捕者も出ていない。連結から外しても、持ち分法を適用しており、純利益の粉飾額も少ない。

それでも粉飾発覚後に取締役は大量に退任したのが事実。告発は不正をただす以上に、経営トップを引きずり下ろすのが真の狙いだった可能性がある。

（山田雄一郎）

【週刊東洋経済】

本書は、東洋経済新報社『週刊東洋経済』2019年11月16日号より抜粋、加筆修正のうえ制作しています。この記事が完全収録された底本をはじめ、雑誌バックナンバーは小社ホームページからもお求めいただけます。

小社では、『週刊東洋経済eビジネス新書』シリーズをはじめ、このほかにも多数の電子書籍ラインナップをそろえております。ぜひストアにて「東洋経済」で検索してみてください。

『週刊東洋経済eビジネス新書』シリーズ

No.300　狂乱キャッシュレス
No.301　ファーウェイの真実（上巻）米国の「制裁」はこれからが本番だ
No.302　ファーウェイの真実（中巻）紅いピラミッドに組み込まれた日本
No.303　ファーウェイの真実（下巻）半導体と知的財産への飽くなき渇望
No.304　自動車　乱気流

No.305　不動産バブル　崩壊前夜
No.306　ドンキの正体
No.307　世界のエリートはなぜ哲学を学ぶのか
No.308　ＡＩ時代に食える仕事・食えない仕事
No.309　先端医療ベンチャー
No.310　最強私学　早稲田　ｖｓ．　慶応
No.311　脱炭素経営
No.312　５Ｇ革命
No.313　クスリの大罪
No.314　お金の教科書
No.315　銀行員の岐路
No.316　中国が仕掛ける大学バトル
No.317　沸騰！再開発最前線
No.318　ソニーに学べ

週刊東洋経済eビジネス新書　No.330
決算書&ファイナンス入門

【本誌（底本）】
編集局　大野和幸、林　哲矢、田野真由佳、長瀧菜摘、山田雄一郎
デザイン　池田　梢
進行管理　三隅多香子、平野　藍
発行日　2019年11月16日

【電子版】
編集制作　塚田由紀夫、長谷川　隆
デザイン　大村善久
制作協力　丸井工文社
発行日　2020年3月23日　Ver.1

発行所　〒103-8345
東京都中央区日本橋本石町1-2-1
東洋経済新報社
電話　東洋経済コールセンター
03(6386)1040
https://toyokeizai.net/
発行人　駒橋憲一

電子書籍化に際しては、仕様上の都合などにより適宜編集を加えています。登場人物に関する情報、価格、為替レートなどは、特に記載のない限り底本編集当時のものです。一部の漢字を簡易慣用字体やかなで表記している場合があります。本書は縦書きでレイアウトしています。ご覧になる機種により表示に差が生じることがあります。

※本刊行物は、電子書籍版に基づいてプリントオンデマンド版として作成されたものです。

9784492921319

1922033007803

ISBN978-4-492-92131-9

C2033 ¥780E

定価(本体780円+税)

週刊東洋経済